紹興縣志資料 2

紹興大典 史部

中華書局

第一輯碑刻

越中金石記摘錄山陰會稽之部

紹興縣志資料

李生翁題

中華民國二十七年一月

紹興縣修志委員會校刊

紹興縣志資料第一輯

碑刻目錄

石佛像背題字
龍瑞宫山界至記
十哲贊碑
道士楊政題名
至聖文宣王贊並加號詔
陳堯佐題名
張懷賓等題名
高紳等題名
陽明洞投龍簡記
陽明洞射的潭投龍簡記
任布等題名
道士羅拱辰等題名
王信臣等題名
杜杞題名

祀南鎮殘碑
紹興路重修儒學記
康里公勉勵學校記附碑陰
李伯昇題名
會稽縣修學記
鎮越門修城碑
學田碑陰
謁禹陵詩刻
以上越中金石記會稽縣
案是輯從杜春生越中金石記錄出專摭其屬於山會兩邑者凡碑所在山陰徐志間載其地爲資考證不厭求詳且因會稽王志與道光志稾皆無金石故也惟付刊時兼采阮元兩浙金石志之三碑殊覺駢枝文未及删特删其目

碑刻

楊紹買冢地莂刻高七寸二分廣四寸四分六行行字不等行書徑六七分許

大男楊紹從土公買冢地一丘東極闞澤西極黃滕南極山背北極於湖直錢四百萬卽日交畢日月爲證四時爲任

太康五年九月廿九日對共破莂民有私約如律令

徐渭文長集柳元穀以所得晉太康間冢中杯及瓦券來易余手繪二首券文云云詳玩右文似買於神若今祀后土義非從人間買也二物在會稽倪光簡冢地中於萬歷元年掘得之地在山陰二十七都應家頭之西尚有一白磁獅子及諸銅器銅器出則腐敗矣獅尚藏光簡家

錢大昕潛研堂金石文跋尾案古人稱分券爲莂若今人合同文字也周禮小宰聽稱責以傅別鄭司農云傅別謂券書也傅傅著約束於文書別別爲兩兩家各得一也鄭康成云傅別謂爲大手書於一札中字別之傅別故書作傅辨鄭大夫讀爲符別辨與別聲相轉其義一也說文無莂字釋名莂別也大書中央中破別之也廣韻莂分契也莂種穊移蒔也古者

書契多以竹簡故傳別字或从竹隸變作莂與移蒔之蒔相混釋氏書往往用記莂字亦取受記作符券之義魏晉以前契券之式傳於今者惟此律（律卽律字）

張燕昌金石契莂白沙質外釉霏霏如玉屑按陶穀清異錄葬家聽術士說例用朱書鐵券若人家契帖標四界及主名瘞墓前甃石若甎表之面方長高不登三尺號曰券臺（又金九皋抱甕集墓前地名明堂一名券臺朱子語錄不曉所以後見唐人文集言某朝詔改爲券臺）今閱此莂足證券臺之制書法以錐畫沙先後淺深之跡歷歷可驗舊爲徐文長物今藏山陰童二樹（鈺）家○陸紹曾跋此晉時瓦券也狀如破竹陶瓦爲之面有兩綹若古之竹簡然高五寸廣三寸八分文六十五言草隸八分相雜六行萬歷初出於山陰古冢中後爲湘管齋祕藏徐文長集其釋文云四時爲任誤作伍九月廿九日誤作廿六日對共破莂誤作破翦按券任說文任保也釋名莂別也大書中央破別之也卽今市井合同古文爲𠔃周禮爲別說文云別分解也廣韻爲莂分別也分契也又分竹也周禮天官小宰八成聽稱責以傳別鄭注爲大手書於一札中字別之一云傳別券書也類篇爲⿰木刷兵廢切音肺券契也急就章云簡札檢署槧櫝家槧與莂古蓋通用想當時契券多書在竹木之上故从竹从木又有从⿱丷工者是章草分隸之體文長集中傳寫誤耳晉世甎瓦遺文流傳絕少唯王獻之保母甎志爲世推重此則更在中令以前尤足寶貴

按此莂今已不知所在據家藏搨本録之莂文有東極闞澤西極黄滕之語攷三國吳志有闞澤傳澤字德潤山陰人官至太子太傅兹蓋謂冢地東至澤墓西至黄滕兩姓之界非地名也澤墓嘉泰志不載此莂出於山陰二十七都則澤墓當相附近惜今并楊氏之墓亦無從辨識矣

保母志刻高一尺三寸廣一尺二寸十行行十二字行書徑一寸

郎耶王獻之保母姓李名意如

廣漢人也在母家志行高秀歸

王氏柔順恭懃善屬文能草書

解釋老旨趣年七十興寧三年

歲在乙丑二月六日無疾而終

〔中冬既望葬會稽山陰之黄閍〕

岡下殉以曲水小硯交螭方壺

植雙松於墓上立貞石而志之

悲夫後八百餘載知獻之保母

宮于茲土者尙□□爲

按此志以宋嘉泰二年春稽山門外農人周姓得於黃閎岡壙中并得曲水小硯背刻晉獻之三字旁有永和二字六月中周以硯饋錢清王畿字千里者畿意其有碑志詢之云塼有字已碎矣明日持前五行來時猶未斷旬日又持後五行來已斷爲三一以支牀上有交螭字者是一爲小兒壘塔上有方壺字者是一棄之他處幸而未毁歸王氏後前半塼又斷爲二塼四垂其三爲錢文皆隱起末行缺二字不可知第六行缺十二字猶隱約可辨硯字劃成甚淺瘦永字亡其磔和字亡其口石絶類靈壁又似鳳咮甚細而宜墨微窪其中時四明樓宣獻公弟鏞爲錢清煎鹽與僧了洪同鑒賞之攻媿題詩所謂三人共爲成勝事也會鏞與同官王大受不協互申倉司大受與韓侂冑壻顧熹善熹諷臺諫劾鏞了洪因入都以塼硯獻於韓鏞事乃白韓以上進詔付祕書省厥後祕府被爇二物莫可蹤跡矣當時摸搨既少入祕府後欲摹者必白監長而後啓緘故傳世頗稀可攷者宋則四明沈省曾有一本元則袁易有一本鮮于伯幾有一本趙子昂有一本子昂同時一詩僧亦有一本其留傳於今者則弁陽周密公謹所藏也元延祐間周歸白雲方氏天瑞至正間方歸錢唐張氏子英入明以來展轉而歸墨林項氏子京　國朝江村高詹事得

之前摹曲水硯式宋元諸名人多有題識鮑氏知不足齋録其全文附刻叢書中四朝聞見録後其僧了洪樓鑰二詩平園周必大會稽太守豫章李大性赤城宋之瑞會稽南明山人黄庭崇奎堂高文虎番陽姜夔堯章五家之跋係後人重録於上其周密鮮于樞仇遠白珽鄧文原龔開盛彪郭天錫湯炳龍馮子振張雨林彬祖皆有詩趙孟頫龍仁夫杜與可趙由礽堯岳釋□慶皆有跋張埛呂同老盧彦禮俞德鄰郭景星張謙胡長孺祝宜孫湯垕羅志仁錢國衡俞和楊炳李嗣儁皆有題名俱眞蹟此外如山陰王易簡玉笥村民王沂孫山陰後人王英孫各有詩然無圖記亦當是後人補録明項元汴　國朝高士奇亦並有跋及詩攷朱竹垞曝書亭集有題崑山徐尚書原一所得之本乾隆府志疑在高詹事所者卽此但高氏卷中不載竹垞題語其非徐本可知府志又云近吳門蔣氏亦有一本蓋卽高氏物今傳是之藏已無可攷則海內所存僅此而已此塼初出惟華亭朱日新力證其僞而明安世鳳亦詆其字不佳語不倫然姜堯章連作十跋反復論辨攷覈無遺且以同時別刻之本拙惡不足亂眞益信非王千里所能假託而朱竹垞亦謂安知世鳳所見非卽別本拙惡者乎此志金石萃編從董氏戲鴻堂帖録入云其文尺寸行款幷缺蝕痕一依原石之舊鉤勒精工當與眞蹟無異蓋在徐尚書高詹事所見之前余攷

元蹟十行行十二字文敏改爲十二行行十字割裂增减以就帖石款式未免截趾適屨之譏余未覩舊拓兩浙金石志云別有專刻余亦未見戲鴻帖志後刻子昂跋則從公謹本摹出無疑今因以著錄而行字更正如元蹟焉至黃閍地名嘉泰寶慶二志未載攷宋王英孫詩有曰名重黃閍九里山黃閍之名不傳而九里則吾鄉今日所稱尙仍其故其地在府城稽山門外南八九里距禹陵里許

法華寺碑

碑高八尺六寸廣四尺二十三行行五十四字行書徑一寸三分

大唐秦望山法華寺碑幷序

括州刺史李邕撰幷書

昔者法王道開崛山相現曾是大事職非小緣順喩孔多證八彌遠故以三界爲宅五濁爲火四生爲子六度爲門一乘爲大車十力爲長者轉亯熱惱之衆延集淸涼之都念茲在茲廣矣大矣法華寺者晉義熙十三年釋曇翼法師之所建也師初依廬山遠公後詣關中什羅罙八禪慧尤邃佛乘雖禮數摳衣而名稱分坐與沙門曇學俱遊會稽覩秦望西北山其峯五蓮其溪雙帶氣象靈勝林巒虛閑比與耆闍營卜蘭若羞涅槃食納如來衣專精法華永言寶意感普賢菩薩爲下俚優婆提豨子於竹筐寄釋種於蓬室師以縮屋未可枕扆乃明移出樹間延

八舍下及杲日初上相光忽臨乘六牙衛八部勝幡虹引妙樂天迎翩僊騰雲遙裔上漢師想望太息沈吟永懷某公好龍已遇眞物羅漢測佛未了聖心於是苦行自身炯試通夢宛如昔見彌恨前非象勸持經嘗難其語鳥來聽法不易其人矧乃攝以蜂王吼以師子禮謁者踦其裳袂讚歎者合其風雷時太守孟顗以狀奏聞囘以爲寺則知妙法者眞如之正體蓮華者淨道之假名是故崇厥經署于牓八無量義成不住囘至若高僧慧基邑人陳載皆踵武投跡傳燈襲明或五柱範堂或七寶規殿立普賢座追連弗藍龍王讓池鴈子疏塔迦羅衛國連至雲山淨明德宮更開日月固足以發慧印啓玄門八位畢臻出家偕應則有持證等觀永藏同流或慧舉十徵或昭明再造或簡文瑞像或武帝香鑪寶鈴迎風珠幡交露僧瑤墨意畫長豪之妙光宮女縺功織大身之變相次有陳隨國施州邑吏檀百寶盈於九隅羣經備於三藏所以神鍾警夜保賢聖之天居祥烏肅賓迓軒蓋之雲集忍辱靈草揺萋萋於小莖優曇異花搴灼灼於喬榦故得人天迴首江海囘聲芭蕉遇雷倏焉滋茂葵藿隨日至矣勤誠登山而野曠心空浴水而垢除意淨施及先律師道岸今弟子釋儼並身林久伐禪刺都遺性通七事戒摠八關金杖五分優劣既等繒綵四色功德豈殊甘露有加香油不墜頃者豪州刺史前此邦別乘太原王公名㴋法海廣大慧炬融明德立於衷義開於物郅惲致主之節有取投竿葛亮報國

之誠不忘草奏夫人武氏佩服眞空干櫓正覺及男緬緒等惟肖二尊克愼三業若行若坐依佛依僧去煩惱之外糠得慈悲之內實起普賢臺一級寫法華經千部廣化人吏大啓津途郎普賢臺立法華社每年二月重會一時且地効其靈山呈其秀有上座正覺寺主道解都維那神慧僧表道賓律師行深慧燈等多材爲林衆器成樂一體和合孚用住持相與言於王公曰夫名者事之華碑者物之表其或表不立則瞻仰失容名不興則讚述無地願言刻石是用齊山散大夫前侍御史今都府戸曹袁公名楚客其皎如日其心如丹負兼濟之雄才託濱成之稚朝意顧慙作者徒使惰然其詞曰　會計南山秦望北寺高僧往還聖跡標奇耆闍比峯法華取義羣公護持歷國檀施陸寶大來海珍捴萃幡影連珠像光發瑞臺壓龍首殿開鳥翅象駕菩薩鳥迎車騎異香馝馞神鍾髣髴松巘蕭疎竹澗蔥翠綱紀有條禪律不墜掾曹正直別乘仁智作爲碑版讚述名字

唐開元十三年二月廿八日建　刻石人東海伏靈芝周錫珪唐碑帖跋碑重立殊惡陋予見舊搨凡三種上海潘氏本秀而整貴陽馬氏本肥而華家伯氏伯紀所藏本近于馬而用筆稍縱不知三種誰爲眞者寺廢于會昌彼時再建而再刻碑文明初燬于火至陶文簡復建寺後偶于長安街得一本因以傳刻春生按萬歷府志寺燬于元末再建于洪武六年文簡當日或從而修葺之非至此時始復建也惟碑當

是萬歷中覆刻

按法華寺今爲天衣寺唐大中間所改是碑嘉泰志云開元二十三年十二月八日建與此互異趙氏金石錄所載年月與志同且北海題銜括州刺史證之唐書本傳實爲二十三年蓋碑以重刻而誤也基字缺筆避明皇諱萬歷紹興府志云寺後有十峯堂堂之前有唐李邕斷碑石尙存

唐人開山題字 刻高三尺四寸廣一尺九寸二行首行五字次行七字正書徑六寸

貞元己巳歲

十一月九日開山

按題字在望海亭下亭據臥龍絕頂唐元微之李公垂皆有詩宋刁景純有記然俱不詳其自始今以題字證之似亭當卽建於此時攷貞元五年觀察使爲皇甫政政涖越十年築海塘造斗門多所興作則開山建亭亦其所有事也嘉泰志引舊經云飛翼樓在州西三里高一十五丈范蠡所築以壓強吳今望海亭卽其遺址此說未足爲據夫使當時巳可建樓又安用後人開山爲耶己巳嘉泰志作乙巳且以爲題名俱誤

戒珠寺陀羅尼經幢 刻高七尺八面面廣九寸八分每八行行六十三字序行書經及年月題名正書俱徑八分

佛頂尊勝陀羅尼經序　前昭義軍節度要籍試右〔監門率府兵曹參軍上護軍奚獎書〕　河内闕

經文不錄

佛頂尊勝陀羅尼經　大唐會昌元〔年六月二十七日〕建　都維那□□　首座弘達　寺下闕

檀越主姚禹　□□　章造　都勾闕　郢人應成陳容程曇下闕

乾隆紹興府志宋高翥遊戒珠寺詩欹斜竹屋羲之宅磨滅經幢率府碑疑即指此近郡人俞永思乘賸載此幢原委以爲隋智永書又童鈺考屠赤水碑目定爲王凝之書皆非也

阮元兩浙金石志案新唐書百官志云節度使副大使知節度事府院法直官要籍逐要親事各一人卽此所謂節度使要籍也又云太子左右監門率府兵曹參軍事各一人正九品下卽此右監門率府兵曹參軍也上護軍左右監門率府下無之惟親事府下注云左一右一護軍府護軍各一人副護軍各一人宜卽彼左右護軍歟春生按上護軍乃勳級而非官職新唐書百官志載官吏勳級凡十轉爲上護軍視正三品唐自安史亂後方鎮將吏往往官卑而勳階俱重故奚獎以九品官而得有三品之階也阮志所引似誤

龍朔二年改左右監門率府曰左右崇掖武后垂拱中改左右監門率府曰左右鶴禁此在

會昌元年猶稱右監門率府者蓋中宗復辟後仍復舊稱如龍朔垂拱之間亦改而仍復也

按幢已中斷久棄戒珠寺民舍廁間乾隆初當事者訪得之移置蕺山書院其書幢人姓名剝蝕然系銜及年月殘字俱與嘉泰志所載奚奬書者符合當爲奬書無疑嘉泰志又稱餘姚龍泉寺有開成四年奬所書尊勝經幢則今已佚矣上虞五夫經幢題河内司馬簡刻字此河内下闕文疑卽此五字也陳容乃匠人姓名乾隆府志兩浙金石志辨爲鍊客殊誤○又按明諸萬里於越新編蕺山圖内戒珠寺前列二幢相對今寺前隔河菱柸橋側尚存其一高二丈餘刻凡六面面高七尺廣一尺一寸每四行行約二十餘字正書徑二寸五分字可辨者僅九十餘其五面刻陁羅尼咒末一面前二行刻諸如來名號後二行有將功德保扶及□詔謹題字幢下蓮座刻凡八方高廣俱尺許並助緣再建人名亦漫漶不可讀此幢年代無攷審其字體當屬宋元間人所書但剝蝕太甚附見於此不別著錄焉

戒珠寺陁羅尼經殘幢 刻高五尺四寸五面面廣七寸五分每八行行六十五字正書徑七分題記徑五分

佛頂尊勝陁羅尼經

經文不錄

闕爲　先考故江陵府江陵令□□□遺旨之告矣日松櫝闕　㓡利之宫于時闕

按此幢與奚奬書幢同時訪得移置蕺山書院者剝蝕更甚且三面無字經文不全豈當日書而未刻耶建造姓名年月並闕但幢得於戒珠寺側嘉泰志載有王錫書尊勝經咸通十三年八月閭人銖造在戒珠寺或卽此幢歟

董昌生祠題記刻高四尺九寸廣八尺二寸大字六行正書徑九寸小字存四行徑五寸行字俱不等

唐景

福元年

歲在壬子淮

〔勅〕建　節度

使相國隴西

□公生祠堂

〔其年〕十二月十六

〔日興工〕開山建立

闕遍山栽

闕□□□

嘉泰會稽志廣教院在戢山東麓院後山壁刻字有曰云云蓋董昌生祠也昌敗祠廢後唐天成四年吳越王錢鏐夢神人求祠宇或言祠本古天王院因建天王院春生按廣教院今仍名天王寺

阮元兩浙金石志按新唐書逆臣傳昌託神以詭衆始立生祠剡香木爲軀內金玉紈素爲肺腑冕而坐妻媵侍別帳百倡鼓吹於前屬兵列護門戺屬州爲土馬獻祠下列牲牢祈請或紿言土馬若嘶且汗皆受賞昌自言有饗者我必醉客有言嘗遊吳隱之祠止一偶人昌聞怒曰我非吳隱之比支解客祠前蓋小人意足擅作威福不旋踵即有夷族之禍史不言建祠年月得此刻知在昭宗即位之四年也

按史載昌爵隴西郡王則是時尚未進封昌初據越唐書稱其爲政廉平人頗安之吳越備史亦謂其有廉儉之度自建祠之後志滿氣盈肆爲暴虐越二年而僭叛之事起矣故昭宗討昌詔有曰因憑生祠輒有狂計又曰欲就叢祠妄舉狐鳴之兆是其逆心萌於此時可見末二行一行存遍山栽三字一行嘉慶縣志作木節度三字兩浙金石志辨節度二字爲柳枝石已剝蝕未知孰是又石壁西偏舊有宋政和中陸宰元鈞等題名今無可

攷惟西距數步有半間坡三字則意明人所刻也

崇福侯廟記 碑高六尺二寸廣三尺九寸額篆書崇福侯廟之記六字三行徑三寸二分記前十一行行三十八字首題一行行書徑一寸五分餘徑一寸二分中勅六行行十九字徑二寸二分又記八行首行三十九字餘四十字徑一寸二分

重修墻隍神廟兼奏 進封崇福侯記

若夫冥陽共理之規人神相贊之道傳於史册今昔同符切以浙東地號奥區古之越國當舟車輻湊之會是江湖衝要之津自隋末移築子墻因遷公署據臥龍之高昇雉堞穹崇對鏡水之清波風煙爽朗緬維深固宜叶冥扶　故唐右衛將軍㧾管龐公諱玉頃握圭符首臨戎政披榛建府吐哺綏民仁施則冬日均和威肅則秋霜布令屬墻愛戴黔庶謳謡尋而罷市興嗟餘芳不泯衆情追仰共立嚴祠鎮百雉之崗巒宰軍民之禍福殿堂隆邃儀衛精嚴式修如在之儀仰託儲靈之應往載璺生劉氏妖起羅平予躬稟　睿謀恭行　天討數年擐甲兩復越墻皆資肹蠁之功以就戡平之業特爲重增儀像嚴潔牲牢邇來四野無塵重門罷柝丁卯歲揚旌東渡巡撫軍民躬奠椒漿目瞻靈像每暢吳風越俗共歌道泰人安昔爲兩鎮之疆今作一家之慶遂馳牋表請降封崇所冀　朝恩與西使始牧齊摽美稱共奉巒對聳尋蒙　天澤果賜允俞頒崇福之嘉名昇五等之尊爵其所奉

勑命具列如左

勑鎮東軍墻隍神龐玉前朝名將劇郡良材傾因剖竹之辰實有披榛之績叛修府署綏緝吏民豈獨遺愛在人抑亦垂名終古況錢鏐任隆三鎮功顯十臣能求福而不回致効靈而必應願加懿号以表冥苻宜旌岌嶪之功用顯優隆之澤宜賜号崇福侯仍付所司牒至准　勑者

噫乎人惟神祐神實人依爰自始建金湯肅陳祠宇奠茲中壘三百來年雖享非馨未登列爵今則値予佐　國連統藩維啓吳越之雙封爲東南之盟主況遇　金行應籙梁德克昌道既泰於　君臣澤遂加於幽顯獲申奏薦遽降　徽章今則象軸煥新　龍綸遠至表勳名於万代昭靈感於千秋固當永荷　皇私長垂幽贊保我藩宣之地遐清宊沵之源共泰斯民永安吾土烜矣赫矣永作輝華今當吳越雙封一王理事亦仗土地陰隲冥力護持神既助今日之光榮予亦報幽靈之煥耀但慮炎涼改易星歲徂遷不記修崇莫源事始聊刊貞石以示後來時大梁開平二年歲在武辰　月　啓　聖匡

運同德功臣淮南鎭海鎭東等軍節度使檢校太師守侍中兼中書令吳越王鏐記

顧炎武金石文字記此碑以城爲墻以戊爲武按舊唐書哀帝紀天祐二年七月辛巳勅全忠請鑄河中晉絳諸縣印縣名內有城字並落下如密鄭絳蒲例單名爲文九月己巳勅武成王廟宜改爲武明王十月癸丑勅改成德軍曰武順管內稾城縣曰稾平信都曰堯都欒城曰欒氏阜城曰漢阜臨城曰房子避全忠祖父名也全忠祖信父誠十一月甲申勅改潞州潞城縣曰潞子黎城曰黎亭又勅改河南告成曰陽邑蔡州襃城曰苞孳同州韓城曰韓元絳州翼城曰澮川鄆州鄆城曰萬安慈州文成曰屈邑澤州晉城曰高都陽城曰濩澤安州應城曰應陽洪州豐城曰吳高又按五代史滑州唐故曰義成軍以避梁王父諱故曰武順又册府元龜開平元年五月甲午改城門郎爲門局郎曾子固跋韓公井記襄州南楚故城有昭王井故城今謂之故墻即鄢也由梁太祖父名城避之然則城者誠之嫌名也册府元龜言帝曾祖諱茂琳開平元年六月癸卯司天監上言請改日辰內戊字爲武從之然則戊者茂之嫌名也容齋隨筆謂戊類成字故改之者非然戊本音茂不知何以爲武音而鄭樵謂十辰十二日皆爲假借甲本戈乙本魚腸丙本魚尾丁本蠆尾戊本武巳本几又不知其說何所本也又如後漢執金吾丞武榮碑云天降雄彥資才卓茂仰高鑽堅允文允武則幷茂字亦讀爲武其來久

矣（唐白居易詩有木名櫻桃得地早滋茂與露去住顧妬樹賦爲韻）

朱彝尊曝書亭集錢武肅王以乾寧二年伐董昌明年五月平之冬十月勅改越州威勝軍爲鎭東軍授王領鎭海鎭東等軍節度使至開平二年升爲大都督府亦謂之東府

錢大昕潛研堂金石文跋尾碑題重修墻隍廟兼奏進封崇福侯記而額稱崇福侯廟之記顧寧人朱錫鬯但稱爲鎭東軍墻隍廟記者未見其額也記文前十行後八行字大徑寸中列勅文六行字大徑二寸許此式他碑所未見龎玉唐書附見四世孫堅傳云嘗爲越州都督非總管又云爲領軍武衛二大將軍召爲監門大將軍不云右衛皆與碑文小異未知孰是碑末武肅署銜云啓聖匡運同德功臣云守侍中亦五代史所未載也

王昶金石萃編玉都督越州有善政士人立廟奉爲城隍至是鏐又具表請降崇封五代會要云開平元年封鎭東軍神祠爲崇福侯從吳越請者是也李陽冰縉雲縣城隍廟碑云城隍神祀典無之吳越有此風俗是城隍神雖未得列于祀典而建祠立廟之事所在皆有此碑云尋而罷市輿嗟餘芳不泯衆情追仰共立嚴祠卽于龎玉身後其事當在唐初又記云爰自始建金湯肅陳祠宇奠茲中壘三百年來雖享非馨未登列爵則前此鎭東軍城隍亦祀典所無陽冰之言爲不誣矣

阮元兩浙金石志按是年吳越改元天寶

洪頤煊平津讀碑記新五代史稱梁太祖卽位封鏐吳越王兼淮南節度使舊五代史止言乾寧四年鏐乃兼鎮海鎮東兩藩節制梁祖革命以鏐爲尙父吳越國王此記作于開平二年結銜稱淮南鎮海鎮東等軍節度使梁祖勑亦云兕錢鏐任隆三鎮功顯十臣與新史同而舊史不書兼淮南節度者闕文也

按碑文有朝恩與西使始牧齊摽句西使始牧四字未詳且與下句秦巒不對萬歷府志金石萃編兩浙金石志俱作漢牧但石刻實此四字不知諸書何所據也勑中以頃作傾二字古通用墻字王西莊十七史商榷云牆從牀省聲不從土則俗體也武肅署銜攷吳越備史鎮海鎮東節度檢校太師守侍中兼中書令俱唐代所授惟封吳越王賜功臣號兼淮南節度乃梁開平元年所加勑封亦元年九月事立碑在次年爾○龐公莅越嘉泰會稽志言越州太守題名記與新唐書所載不同云詳馬萬頃所述傳而未加考核馬傳志既不錄文亦別無所見余因爲訂正之按題名記云武德元年十二月自武衛將軍授二年七月除揚州都督新唐書傳云由領軍武衛二大將軍爲梁州總管徙越州都督召爲監門大將軍記傳皆出於宋代在是碑之後今碑稱右衛將軍總管則傳誤而記得其

實矣但記以爲元年所授殊未可信無論高祖方受隋禪杜伏威李子通沈法興等蟠踞江南未聞嚮化唐豈能踰境而命官一也舊唐書薛舉傳秦王使將軍龐玉攻賊將高羅睺于淺水原淺水原之戰高祖本紀繫在元年十一月是公方從太宗西征無由至越二也唐書百官志武德七年始改總管爲都督何得於二年七月有揚州都督之除三也至揚州當係梁州由音近而訛可置弗論攷舊唐書地理志曰越州中都督府隋會稽郡武德四年平李子通置越州總管管越嵊姚鄞浙綱衢縠麗巖婺十一州因悟是時東南甫定越州實爲重地故特以簡公子通之平在四年十一月公殆於十二月受命則記所謂元年者四年之誤也題名記於公後列李嘉闞稜嘉云武德三年授稜云武德四年六月自左領軍將軍授按武德三年會稽方屬子通嘉果爲此官則爲子通之將與輔公祏反淮南時命其黨左游仙爲越州總管者事同一例記何必書若稜則於六年春夏之交從伏威入朝拜左領軍將軍至八月公祏叛乃從趙郡王孝恭討之計其授官應在斯時唐書本傳始末瞭然是記載稜除官年月全非事實大約公移梁州當在六年七月以前公祏肆逆時公已去越故事蹟無所表著而越遂爲遊仙所據使公在宜有以制之矣余意此時總管當爲李嘉迨郡陷沒嘉或死或罷而稜代之是記所謂二年者非五年即六年

之誤也惟記作由越徙梁而傳作由梁徙越事無左證未知其孰是耳

遊小隱山敘 刻高四尺六寸廣二尺八寸十三行行三十六字正書徑一寸

遊小隱山敘

越城之西南有所謂王氏山園者衆以爲一境勝絕太守楊公曰彼何遊焉一日攜賓佐浮輕舟走平湖四五里而至望其門如樓閣之在煙雲中入其堂登其亭廓然如形骸之出塵世外山蒼谿碧繚繚四注皆可襟迎而袖揖奇葩珍樹暎帶滿前公奮曰吾來越舊矣未有如今日勝且快者使呼其主而詰之曰山名謂何對曰有而非美名也亭有名乎則曰朴愚敢以名爲公使圖以來曰命其山曰小隱山堂亦曰山之名堂之東榮俯檻而窺者曰瑟瑟池出堂而登數級乃止勝奕亭自亭過而至其最上者曰湖光亭順山而西達於山足曰翠麓亭由忘歸至翠麓曰探幽徑曰擷芳徑曰捫蘿磴曰百花頂皆曰其所遇而得之心焉已而至於山外有池池心有亭曰鑑中亭轉而通於始至之門門隅亦有池有亭曰倒影亭凡一景一趣無不爲之稱者且曰今而後吾當數至此也曰命通判軍州事錢公輔書以鑱諸石噫人生百歲塵鞅榮利淫惑病憂紛紛而汩之幾日而如此樂幾何而如此勝耶予弗書不詳與是遊者都官員外郎江鉞節度推官袁嗣隆觀察推官王仲衍前進士王霽朱方凡六人皇祐三年春二月二十

八日敘

按小隱山本名侯山以晉孔愉嘗居此後封侯得名敘載孔延之會稽掇英集以石刻校之數級乃止下集多一曰字自亭下集多而北登降乎竹間五六十步而後至者曰忘歸亭十九字案下文明曰由忘歸至翠麓則非後所增定可知此二十字顯係漏奪若公輔自書不應有是當是命他人書之不及察而鑱諸石爾太守楊公名紘字望之浦城人宋史本傳載其嘗爲越州通判故有來越舊矣之語錢公輔字君倚武進人宋史有傳王霽蕭山人兵部員外郎絲子朱方諸暨人皆皇祐元年進士昔人謂蘇明允避家諱易序爲敘後人多遵用之今此刻首題作敘實出蘇氏之前知其說之未足據矣節推袁嗣隆察推王仲衍乾隆府志未載

官山器界碑碑高八尺廣五尺文五行行十一字正書徑八寸右首題字一行徑五寸

闕□系□□禁會稽監押孟□

闕至會稽縣黃祊村分水闕

闕至道樹村山峯分水爲闕

闕至茆甸村山峰分水爲田

闕至華表柱爲界

大宋嘉祐二年七月望日建

按碑首一字俱闕以今地證之蓋黃祊東道樹南茆甸西而華表柱之爲北界可知也第四行下似有小字二行已不可辨碑末有大淸康熙元年拾月里民某某等重建字此乃因碑石仆毁復起而立之非重刻也碑在今官山嶴意宋時此數里內皆爲官地故其名尙沿而不改爾監押宋史職官志云州府以下都監皆掌其本城屯駐兵甲訓練差使之事資淺者爲監押嘉泰志云自府州軍監至縣鎭城寨關堡都監並以閤門祇候以上充亦參用三班使臣監押則專用使臣而已都監監押悉充在城巡檢始其任頗重後寖衰削矣

新建廣陵斗門記 碑高六尺三寸廣三尺額篆書斗門記三字橫列徑五寸二分記十七行行三十五字正書徑一寸四分又立石銜名三行徑一寸

越〔州〕山陰縣新建廣陵斗門記

將仕郎守許州許田縣尉張　燾　譔幷書

將仕郎守越州山陰縣尉李　公度　篆額

越之爲郡介於江山之間而瀕川以爲居人擇其膏腴平淺之地而田之歲時山源暴流彌漫

數百里田者廢不治居者走保山阜患不能支當東漢之盛時馬侯臻爲其太守爲之堤其寬閑之地以爲湖旣以備旱暵之災而纂流或下有以瀦之又備其蓄洩之不宜也於是作三大斗門於其山隅以導其川於江海之内旣除其水旱之虞而民患遂去越人蒙其利至於數百年之長而湖積堙塞與堤略平而斗門益䧟壞不治水旱大至無所支越人滋不寧嘉祐四年贊善大夫李君茂先適治其縣誘其邑之人魏元象魏組戴庸等相與謀於邑之著姓協其力而繕之凡費木石一千餘緡用人之力千有餘工於是廣陵之斗門復完而越人之患又從而息予嘗考天下之利患見水土之事惟禹貢爲詳今按其書而求其地之廢興而禹之迹往往而在然而昔之釃而爲川者今𡊮而爲丘矣向之壅而爲固者今鑿而爲渠矣蓋三代治時之法廢於六國交侵之時人自保其所有而安之瀹匯排放一附以已意不務循禹之爲迹故民到今病之今觀馬侯之遺制故嘗巡行周視得其利害之詳然後開湖鑿門以紓其患以至于今使後人襲其迹而治之其利仍存而不廢以至於無窮矣使夫禹之遺迹亦若馬侯之利有以更興者則天下水土之事無復病於今矣故并敘其所感者書之嘉祐八年十月望日記

文林郎守主簿王　冲

朝奉郎守太子右贊善大夫知縣事兼提舉鑑湖武騎尉吳　安

朝奉郎尚書屯田員外郎通判越州軍州兼管内堤堰橋道勸農同提點銀場公事騎

都尉賜緋魚袋張　誌立石

錢大昕潛研堂金石文跋尾宋史列傳有兩張燾其一字子公仕南渡孝宗朝相距年代已遠其一字景元仕英宗神宗朝當卽其人傳不言爲許田尉者略也燾楷書極似唐人其書患作㥚庸作慵堰作堰則它碑所未見公度篆亦有法廣陵斗門乃後漢會稽太守馬臻所立三大斗門之一曾子固序越州鑑湖圖亦載此名與漢之廣陵國初不相涉秀水朱氏因元時江浙行省鄉試賦有以錢唐江當枚乘七發之曲江者遂援此以證廣陵去錢唐不遠然枚乘生于文景之世不可以後證前

按記云馬侯作三大斗門自廣陵外不著其名攷曾子固鑑湖圖序所載斗門凡六朱儲非瀕湖不計在山陰則曰柯山曰廣陵曰新涇在會稽則曰曹娥曰蒿口徐次鐸復湖議所載凡七較子固山陰多西墟會稽多瓜山少微而以柯山爲閘不與焉嘉泰志所載亦七自朱儲外三江亦非瀕湖不計餘與子固同夫子固之時較爲近古其所列斗門證諸宋志新涇則唐大和中觀察使陸亘置曹娥則宋天聖中知會稽縣事曾公亮置惟廣陵柯山蒿口不詳其自始當卽記所稱之三大斗門矣且就地勢而論廣陵洩西湖之水以

入於西江蒿口洩東湖之水以入於東江又於其中置柯山以資灌溉助宣洩誠如記所云得其利害之詳者李茂先又嘗建朱儲石斗門沈紳爲記文見會稽掇英集蓋是時新制會稽山陰二令以提舉鑑湖入銜故長吏於水利頗能盡心也通判張詵字樞言浦城人宋史有傳知山陰縣吳安主簿王沖尉李公度乾隆府志嘉慶縣志俱未載

穆得臣等題名刻高二尺八寸廣二尺八寸五行前二行俱五字後三行俱三字正書徑五寸五分

三月廿四日

甲申　熙寧

穆得臣

張并甫

晁漢臣

按是刻嘉慶山陰志作五月余細辨之乃三月也因檢遼史朔攷凡熙寧之世五月廿四俱無丙申惟元年三月癸酉朔則丙申正廿四日其爲三月無疑且幷得考見其題名在元年也月日後書元號又不著年皆它刻所未有山陰志作晁漢臣等題名蓋誤以爲左行爾

孫覺等題名 刻高一尺六寸廣二尺五寸左行題名六行行五字正書徑三寸年月二行行六字正書徑一寸八分

高郵孫覺

邵武朱君平

陽翟孫琪

建安章惇

汝南許安世

濟陰江嗣復

熙寧巳酉二月

辛丑同遊

按章惇史傳載其召試館職王樂道刻罷之熙寧初王安石秉政薦爲編修三司條例官則是時尚在罷官未起許安世開封襄邑人治平四年以省元登進士第一官至都官員外郎王銍默記載許既魁多士其父琉爲越州知錄往省覲蓋正其時也

楊傑等題名 刻高四尺廣二尺四寸四行行七字隸書徑六寸

後三百年元祐戊

辰楊傑張詢朱輦

戚守道登臥龍山

按題名在唐貞元題字之左自貞元己巳至元祐戊辰正三百年也楊傑字次公無爲人宋史本傳云元祐中爲禮部員外郎出潤州兩浙提點刑獄卒張詢嘉泰志太守題名云元祐三年八月以朝散郎權發遣九月移福建路轉運副使詢居越不久則此遊當在秋冬間矣朱輦則朱儲斗門記有朝散大夫嘉禾朱公來倅府事之語記作於元祐三年蓋即其人雲間志字宏道嘉祐八年進士戚守道當亦越中職官殆傑以提刑按部至越與州守通判等登山所題

呂升卿題名刻高二尺二寸廣四尺五寸八行行四字正書徑五寸五分

紹聖二年

十二月晉

江呂升卿

明甫以提

點刑獄攝

紹興縣志資料　第一輯　碑刻

領州事數

與賓佐宴

集臥龍山

按題名在貞元元祐二刻之下臥龍山爲一郡形勝處州治卽據其東麓故唐宋時來爲守者詩酒之會於此特盛沈立越州圖序所云刺史之居若蓬萊閣望海亭東齋西園皆燕遊之最著者是也嘉泰志載知州事章衡以紹聖二年十一月移揚州十二月張修以朝散大夫來知州事升卿攝領當在張修未至之前升卿爲惠卿之弟宋史言其無學術而惠卿引爲侍講云

呂升卿等題名刻高七寸廣一尺六寸五行行存三四字不等正書徑一寸八分

闕[illegible]規東陽

闕陽羨慕容

闕江呂升卿

闕還憩小隱

闕二月十日

按此刻上截已泐以升卿爲提刑時計之亦當在紹聖初也

越州城隍廟記碑高六尺廣三尺七寸額篆書城隍廟記四字橫列徑四寸文十八行行三十五字行書徑一寸五分

越州新脩城隍廟記

夫人神相回城隍神保釐一州猶太守也越爲督府爲守者得總制一路視古方伯連帥而州治回山以爲基有若迫窄然以楹計之無慮千數危樓傑閣虛堂廣榭錯起於山之上下而城隍神廟在山之西距州治百步支離罅漏虞於壓覆不足以妥神而像塑失工不能含見威神風薄塵坌顏色服章晻慘剝裂謁者或怠見於色無以感格靈貺紹聖丁丑孟夏　龍圖翟公思來治州事始至之日公使庫負民錢百萬燕衎以時饋遺有節不閱歲旣以其贏盡償所負以紓民賈乏於是徹城隍廟而新之高明靚深環以門廡神位其中左右以序損益潤色各擅其相凜然人望而畏之案越自隋末始遷子城於此榛莽不治至唐右衛將軍龐公玉始營州治且有善政其死州人德之祀以爲城隍神梁開平二年錢鏐表上之詔封崇德矦鏐以詔刊石揭于廟然其事不見於書傳鏐得其詳疑有所自子曰丘之禱也久矣　翟公方在隱約已不妄交際毅然自任以天下之重識者許之東南學者從公問學唯恐後蓋公所養如此故能爲　朝廷識拔一爲諫官三爲御史信其所學不以聲利易其操克有終始爲世司直自元

豐歷元祐紹聖幾二十年　朝廷屢更執政大臣是非取舍未始或同當是時士由州縣獵取貴顯者多矣甚者致位公相而斥逐隨之公每以公議在選中而卒亦齟齬不合然亦不失爲臺閣耆舊偃息方面觀公出處則其禱久矣新是廟非以徼福也肅恭神明理適然尔詩曰靖共爾位好是正直神之聽之介爾景福公雖無意於徼福神其舍諸方且介以景福而申之以難老日新而未艾也廟成於戊寅五月戊申而丁丑季冬癸卯經始之日也越州蕭山縣主簿吳隮謹記知錄事參軍王仲薿書

趙琪刊

按梁開平二年封神爲崇福侯記作崇德誤也其引論語曰某之禱也久矣較今本多一也字皇侃義疏則作某之禱之久矣亦不相同未知別有所據否此條翟晴江四書考異所未及者王仲薿字明之岐公珪從子中吳紀聞稱其風流翰墨名著一時錄事參軍王仲薿乾隆府志未載

林靈素詩刻碑高三尺六寸廣三尺四寸分三列上中列俱十三行下列七行行字俱不等行書徑二寸又正書二行篆二行題名正書二行俱徑二寸許立石銜名五行行十六七字正書徑七分摹刻銜名一行徑三分

首行闕次行闕數字霄闕真闕大闕弟闕當今闕大道闕爲則闕漸闕吳闕心吾闕越之闕冲妙師洞元

妙應先生吳公有舊思其人則感故也將行求頌而曰

帝城二月春沖融吾仁別我春陰重買舟乘月醉中別此去闡妙居琳宮靈符殺鬼救群動雲章筆寫生清風慈悲領衆行功行天神福助還無窮

政和八年二月初八日東京通眞宮金門羽客通眞達靈先生視中奉大夫林　靈素

皇帝賜書澄慮堂書

沖妙先生

觀妙崇道𩇕師視朝請大夫成應祥

中大夫充徽猷閣待制知越州軍州事管勾神霄玉清萬壽宮提舉本州學事兼管內勸農使充兩浙東路兵馬鈐轄兼提舉本路兵馬巡檢公事華陽縣開國男食邑三百戶賜紫金魚袋王仲嶷　立石

知神霄玉清萬壽宮事沖妙大師吳應言命工摹刻

按是碑上截失去五六字玩其詞語蓋林靈素送道士吳應言歸越而作陸務觀家世舊

聞有云靈素時時寫其所作詩篇贈人然筆札詞句皆鄙惡了不足觀及既幸其徒黠者爲潤色之今觀是刻巳可得其大槩矣下列有徽宗書賜靈素通眞達靈先生六字疑卽靈素所造天書雲篆之體刻之以矜寵眷者也徽宗政和七年詔天下天寧萬壽宮改爲神霄玉淸萬壽宮故州守結銜內有管勾是宮之名但是宮在越者有詔擇僧寺之壯麗故以大能仁禪寺爲之寺在郡城中當日應言知宮事自應立石本宮今此碑出於謝墅距城十餘里蓋復寺時所移徙也王仲嶷字豐父元豐宰相珪子建炎中知袁州以城降金人坐廢及兄壻秦檜入相爲之開陳復元官奉祠放行事詳王明淸揮麈餘錄王梅溪鑑湖說曰政和末有小人爲州內交權幸專務爲應奉之計遂建議廢湖爲田而輸其所入於京師自是奸民豪族公侵强據無忌憚所謂鑑湖者僅存其名而水旱災傷之患無歲無之矣小人爲州卽指仲嶷跡其獻媚靈素亦內交權幸之一端也（上虞夏蓋湖仲嶷亦廢爲田後李莊簡公復之）

顯寧廟牒（碑高六尺六寸廣三尺六寸額篆書敕賜顯寧廟碑六字三行徑三寸五分文共十二行字數不等首行正書徑四寸五分狀三行徑七分勅三行行書徑四寸二分牒奉及二勅字徑五寸五分年月徑二寸押勅銜名一行正書徑四寸二分題名四行徑六分）

尙書省牒　越州顯寧廟

太常寺狀准尚書省箚子三省同奉
聖旨尉蹕會稽今已逾歲妖祲不作行殿載寧越州城隍廟崇福侯可特賜額封公並令
太常寺擬定申尚書省本寺依准今降
聖旨指揮擬定廟額今欲擬顯寧廟爲額伏乞朝廷詳酌指揮施行申聞事
牒奉
勅宜賜顯寧廟爲額牒至准
勅故牒
紹興元年五月尚書省印日牒
參知政事張〔守〕尚書右僕射同中書門下平章事之
闕二行
攝本府助教兼贊福王管廟事胡永宗
承信郎□□衢州指使馮紳捨石
會稽陳師堂刻
按僕射范宗尹不書姓周益公二老堂雜誌謂祖宗朝官至僕射勅後乃不書姓也陸放翁老學菴筆記云自唐至本朝中書門下出勅勅字皆平正渾厚元豐後勅出尚書省亦

然蔡京臨平寺額作險勁體來長而力短省吏始效之謂司空勅亦曰蔡京勅今按此與武佑昭祐二牒正其體也

昭祐公牒　碑高六尺六寸廣三尺八寸額篆書敕賜昭祐公碑六字三行徑三寸五分文共十二行字數不等首行正書徑四寸五分狀三行徑七分勅六行行書徑四寸二分牒奉及二勅字徑五寸五分年月徑二寸押勅銜名一行正書徑四寸二分題名一行徑六分

尚書省牒　越州顯寧廟昭祐公

太常寺狀准　尚書省劄子三省同奉

聖旨駐蹕會稽今已逾歲妖祲不作行殿載寧越州城隍廟崇福侯可特賜額封公并令

太常寺擬定申尚書省依准今降

聖旨指揮欲擬昭祐公伏乞　朝廷詳酌指揮施行申聞事　城隍廟崇福侯

牒　奉

勅朕展義東南駐蹕都會宮室城郭之必葺殆歲之周氛祲妖孽之弗興繄神之祐是用錫上公之尊爵加二字之榮名不顯其光庸示無窮之報自今以始常儲有羡之祥宜特封昭祐公

牒至准

勅故牒

紹興元年五月尚書省印日牒

參知政事張怙尙書右僕射同中書門下平章事之

少傅鎭潼軍節度使判紹興軍府事兼提舉學事兼管內勸農使充兩浙東路安撫使

馬步軍都總管信安郡王食邑七千二百戶食實封叁阡肆伯戶孟忠厚立石

錢大昕潛研堂金石文跋尾押勅者二人曰參知政事張而不名曰尙書右僕射同中書門下平章事姓名俱不書以史攷之蓋張守范宗尹也自元豐官制行而平章參知之名久廢南渡初詔尙書左右僕射並帶同中書門下平章事改門下中書侍郞爲參知政事而宰輔之名又一變矣忠厚隆祐太后兄子見宋史外戚傳史作鎭海軍節度蓋鎭潼之誤（春生按宋史職官志載節度諸軍名有兩鎭海其一亦卽鎭潼之誤）又攷高宗本紀紹興元年十月己丑升越州爲紹興府碑前云越州後云紹興軍府蓋立石在升府之後矣

按文獻通考宋制諸神祠加封無爵號者賜廟額已賜廟號者加封爵初封侯再封公次封王先有爵位者從其本此與顯寧廟牒雖同時所降亦必先賜額後加爵也神本侯爵故從其本封公然攷趙與旹賓退錄載神於後唐清泰元年封興德保閩王與杭湖二城隍神並命蓋出錢氏文穆王所請而當時未及立碑宋南渡初禮官失考僅據武肅王牆隍廟記田侯進公嗣後紹興三十年加號忠順乾道五年加號孚應八年加號顯惠至淳

熙三年始封忠應王後又加號爲昭順靈濟孚祐忠應王而不知神在吳越時已膺王爵卽嘉泰修志時亦未考及此孟忠厚署名二字與上下異當是親書者又檢考宋史本傳忠厚凡三判紹興第三次過闕入見留充萬壽觀使未嘗之官故嘉泰志祇載紹興十一年十四年兩任初次至越傳云兼修護攢宮事加少保今署銜已爲少傅則與志稱十四年四月再以少傅信安郡王判者合又其年十月卽罷是碑建於十四年無疑矣

吳明可詩刻 刻高三尺六寸廣三尺四寸十一行行十三字正書徑二寸五分

萬壑千巖百尺樓□□□□□東
州旁窺照水煙波濶回顧滄溟雪
浪浮望遠尙餘秦轍跡□□□□
晉風流凭欄已足銷塵慮□□三
山汗漫遊　右題蓬萊閣
巋然千古臥龍山節物年來□舊
觀猶有樓臺出天半正令星斗逼
人寒春風偶種花千樹夏日仍栽

竹萬竿自愧牧民無實□漫留佳

致後來看　右登臥龍山

隆興甲申八月朔吳明可

按明可爲宋丞相吳康肅公芾之字甲申乃隆興二年正其知紹興府事之日也乾隆府志以爲姓名俱闕蓋拓本未精使然康肅仙居人宋史有傳

沈相等題名（刻高一尺四寸廣一尺七寸左行題名四行行五字正書徑二寸五分年月二行行五字徑二寸）

苕谿沈相

茂陵馬萬頃

吳興李□

□澄（闕）

□熙巳亥四

□□有四日

按元號熙字上闕一字攷孝宗淳熙六年理宗嘉熙三年太歲俱己亥沈相無所表見惟馬萬頃則李心傳朝野雜記載淳熙四年再舉賢良方正科吏部侍郎趙粹中舉亳州布

衣馬萬頃當即其人嘉泰志城隍顯寧廟條有云詳馬萬頃所述王傳嘉泰乃寧宗年號在嘉熙前三十餘年已引其人則題名在淳熙無疑矣

小隱山題記刻高一尺二寸廣二尺九寸二十五行行十二字正書徑九分

小隱山

小隱山園在郡城西南鏡湖中四面皆水舊名侯山晉孔愉嘗居焉皇祐中太守楊紘始與賓從往遊而愜焉問其主王氏山何名對曰有之匪佳名也亭有名否則謝不敢迺使以其圖來悉與之名山曰小隱之山堂曰小隱之堂池曰瑟瑟之池命其亭曰勝弈亭曰志歸亭曰湖光亭曰翠麓亭又有探幽徑擷芳

徑捫蘿磴百華頂山之外有鑑
中亭倒影亭皆楊公所自命名
而通判軍州事錢公輔又爲刻
石記之後且百年浸廢勿理少
師陸公宰嘗得之以爲别墅作
賦歸堂六友堂遐觀堂秀發軒
放龜臺蠟屐亭明秀亭拄頰亭
撫松亭會公改築之城之東隅
今惟賦歸堂蠟屐亭存焉皆少
師所扁也有盧贊元襄周秀寔
芭題詩最傳於世
慶元五年朝請大夫試太府卿
淮東總事除龍圖閣知紹興府
事沈作賓志

按沈作賓字賓王歸安人宋史有傳陸公宰字元鈞放翁父也官至朝列大夫直祕閣以子貴贈少師盧襄西安人初名天驥字駿元政和中曾任浙東提刑後仕至吏部侍郎周芑未詳何許人惟陸放翁跋胡少汲小集有周秀實名蔚予亡姑之子及與元祐前輩游紹興十六七年猶亡恙有文集數十卷王性之作序之語雖字同名異然時代符合又爲元鈞之甥殆即其人而更名者歟此記下左方有小隱山春乙巳六字二行迤右又橫列方辛二字俱正書徑二寸許筆法工整非後人妄鑿四旁又無漫漶處不知作何解也

高宗與呂頤浩手札 碑石四方各高一尺六寸廣三尺七寸第一石一札十一行行書徑一寸五分一札二行徑二寸第二石一札三行徑一寸二分一札七行徑一寸六分第三石一札十二行徑一寸八分一札三行徑二寸以上俱行書第四石劄子十六行正書徑八分批答二行行書徑一寸二分以上行字俱不等跋十行行二十字正書徑六分

欲與張俊親筆雖頗獎其能戰然亦有誡勵大略以爲金人强悍有素雖驟爾敗衄恐別畜姦謀憂生意外且言既已挫其初當善圖其後令益施方略多作准備激勵士卒以收全功本欲與金一千兩得卿等奏欲減半不知如何亦更不令劉洪道作水陸卿等看得不奏來

伍

賜杜充劉光世詔書二紙卿看訖進來

伍

呂頤浩可差兵士二百人付王晉錫津般行宮什物事畢即時發遣

伍

訪聞行在漸賣花木或一二珍禽此風不可長及有舟船興販多以旗幟妄作御前物色可嚴立法禁如或官司合行收買者須明告所屬去處其花木珍禽可箚下臨安府諸門不得放入

伍

陶希顏論預買綿絹皆抑塞而强取之至或枷禁留滯又言朕勤懇屢詔而預支之錢曾莫給散致使德澤壅而不流其論深切明著朕甚嘉之仰呂頤浩等疾速行下嚴飭諸路監司守貳每歲預買綿絹其合給錢須管轉那並行支給仍不得過當騷擾若或有違必罰無赦其希顏召赴堂審察

伍

若令岳飛差人許與轉官甚善依此施行

伍

臣等飯後依早來面奉

聖訓諭光世令往建康韓世忠往泗州駐軍光世之意只欲在鎮江又云光世豈可不爭功又

云世忠既往泗州光世願駐軍於楚州或承州又云世忠可令往濠州此決不可從臣等竊料
光世之意只緣鎮江府揚州夾岸廣有田業鎮江城市房廊亦多戀戀不欲捨去今已差光世
幕屬范正與知鎮江蓋是曲全人情伏望
聖慈深賜
睿察所有熟狀已修寫訖未審今日可與未可
進入取
進止
三月二十五日臣俯臣益臣勝非臣頤浩劄子
此事甚大俟來日與卿等面議　伍
臣大父忠穆公先臣頤浩曩叨
思陵殊遇協濟艱難
奏報宣示
宸奎絢爛
寵被股肱

君臣相與之深伏讀感泣權臣追仇舉族遷謫散逸之餘數紙僅存謹模勒堅珉垂諸不朽於戲豈比賜履分壝世守舊物而已勉思厥紹懼遏佚前人光子子孫孫尙其念茲永寶勿墜嘉定十四年五月既望朝散郎行司農寺丞臣呂覽拜手稽首恭書

按宋史呂頤浩傳字元直其先樂陵人徙齊州高宗朝再秉政卒贈太師秦國公謚忠穆孝宗淳熙十五年配饗高宗廟庭攷宰輔表忠穆以建炎三年四月守右僕射四年四月罷紹興元年九月復爲左僕射三年九月罷此碑第一札當在建炎四年正月時張俊爲浙東制置使劉洪道知明州先是十二月金人至明俊率楊沂中等敗之至是攻城又敗之金人拔寨去屯餘姚請濟師於宗弼故賜勅獎勵洪道亦不別改官不料俊洪道之卽棄城遁也第二札當在建炎三年閏八月時命杜充守建康劉光世宣撫江東受充節制光世畏充嚴峻上書言不可者六帝怒光世惶恐受命故降詔二人令和衷濟國也後四札三札在紹興二年其津般行宮什物則正月由越移蹕杭州也珍禽花木刱入臨安諸門則八月所降詔書也命岳侯差人前去蓋令招楚寇曹成岳本傳所謂至茶陵奉詔招之亦二年事也惟陶希顏事無可攷至忠穆等所上劄子乃三年之三月時徐俯爲簽樞席益爲參政朱勝非爲右僕射也忠穆在越有祠者據明宣德中其八世孫大理少卿呂

升修廟告文稱忠穆以扈蹕南度賜居臨海歿後秦檜修怨舉族遷謫子祕閣太中（按本傳忠穆子名抗嘉定赤城志載有子名揖兩浙轉運副使未知祕閣何名）卒於貶所孫知府寺丞（昭亮跋署司農寺丞當即其人）遇赦扶柩而歸沿途卜葬遂居於越云云則祠即昭亮所建也祠由宋迄今地處城市而郡邑志乘絕無紀載可謂疎於採訪者矣祠中又有高宗手詔一碑乃忠穆罷相後復起湖南安撫制置時所賜升以家藏墨蹟勒石者其文乃沈與求撰見龜溪集中今幷錄於後

朕以湖湘八州之地西通巴蜀爲國上游往連盜區一方騷動比加招輯雖已略平而民俗剽輕或易生變允藉耆德以塡撫之乃起卿燕閒之中而屬以方面之事庶期談笑坐以銷萌慰彼黎元增重形勢而抗章固避殊咈于懷惟卿社稷元老身任安危必不以內外爲間諒應聞命慨然引途故特親筆詔諭卿宜悉之　付頤浩（名上鈐寶押字與宋碑同）

汪綱題名（刻高二尺七寸廣三尺五寸存三行行八字隸書徑四寸）

（前闕）

日郡太守汪綱宴部

刺史李壽朋通判□

□□□趙汝捍□□

後闕

按宋制提刑有刺舉官吏之責近於古之刺史提舉則專掌常平倉事而已壽朋官提舉而稱部刺史者以是時兼權提刑故也綱與壽朋同官在越自寶慶丁亥十一月至紹定戊子十二月閱一年餘此刻年月剝蝕要在此兩年內矣趙汝捍太宗子商王元份之後見宋史宗室表乾隆府志據是刻於職官通判內補入汝捍然通判下殘闕四字則汝捍之居何職初未可定也

汪綱李壽朋題名 刻高三尺三寸廣三尺七行行十字正書徑三寸

嘉定辛巳十二月新〔安汪〕
綱由憲□帥以紹定戊〔子〕
十二月三日召赴□□〔寶〕
慶丁亥十一月桐川李〔壽〕
朋以倉兼憲亦以是日□
知平江府十有一日酌□
于飛翼樓翌日偕行

按寶慶續志安撫題名汪綱嘉定十四年辛巳十二月到任紹定元年戊子十二月召赴行在提舉題名李壽朋寶慶三年丁亥十月到任紹定元年十二月除知平江府俱與此合其稱憲者提刑也稱帥者南宋紹興郡守例兼安撫使也稱倉者提舉常平也綱由憲□帥者由提刑除知府事也壽朋以倉兼憲者攷續志提刑本綱兼權至寶慶丁亥九月乞差正官乃除太常少卿龔溧以十月到任然溧去官年月志無明文今此刻云十一月壽朋以倉兼憲則溧蓋不過月餘即去朝廷遂不別差正官而以壽朋兼攝是可以補志之闕也壽朋廣德人在春秋爲吳桐汭地故有桐川之稱飛翼樓范蠡所築久已不存綱以望海亭即其遺址舉其舊名爾刻在最高處人無知者其每行末一字因明人鐫太守湯公篤齋動靜樂壽四大字遂致鑿損

小隱山題字前刻高一尺廣二尺七寸横列正書徑七寸五分後刻高二尺二寸一行行書徑一尺

小隱山

支雲

按二刻無書者名氏及摹刻歲月但是山摩崖無元人遺蹟明人間有鐫鑿字皆拙劣兩種筆法頗佳其爲宋人所書無疑也

朱子書二碑前碑高九尺六寸廣三尺二寸正書徑一尺八寸款行書徑三寸後碑高九尺二寸廣三尺二寸正書徑二尺款行書徑二寸五分

天風海濤

晦翁

與造物游

晦翁書

按孫氏寰宇訪碑錄二種福建俱有石刻天風海濤在閩縣與造物游在龍溪又與造物游四字紹興府署松風閣亦有摩崖高二尺七寸廣八尺六寸横列行楷大小俱與此同皆無建立年月觀其石質當係明代之物今以宋大儒所書姑附錄焉

北市橋闌題字刻二方一三字高一尺廣三尺五寸正書徑八寸一九字高一尺廣八尺五寸徑七寸俱横列

北市橋

至元丁亥年仲夏重脩

按橋卑小不載於郡邑志攷寶慶續志坊巷門第四廂有北市以元越城圖證之自水澄橋而上爲北市自蕙蘭橋而下爲南市二市當郡城適中處今此橋東出數十武卽爲宋北市之故址橋之得名蓋由是歟

至大報恩接待寺記碑高八尺二寸廣三尺八寸額篆書至大報恩接待寺記八字四行徑三寸五分記二十三行行四十二字行書徑一寸三分

紹興路至大報恩接待寺記

至大報恩接待寺桑門弘教大師立公之所建也寺在越城之西臥龍紫雲諸山拱列其前由寺門右出舉數十武踰河梁而南是爲吳會稽之通衢行旅憧憧不絕釋子之遊方若有事小白華山者必道於此長途風雨巾錫凄然嚬呻逆旅之中故其徒目之曰越州一關立師妙年稱出家子叅學諸方習聞其說而病之念平昔經行荒陬遠墅猶有接待以爲憩息之地而吾邦獨無有至爲人所嶄豈居是邦者念慮未之及耶念慮雖及而力有不逌耶將前之未舉者有待於後來耶抑聞志專而力從世豈有不可爲之事哉於是竭其心思不憚勞勩蒙犯霜霧行萬里之遠有出己之力而無委地之貨積二十餘年其心未嘗一日不在接待也積銖累忽由微而著度其力足以有爲乃贖石氏故宅撤其舊廬更創新宇經始之初戶外之屨已滿矣渴饋以漿飢餉以飯勞也嚴牀敷以安息之垢也闢浴室以澡雪之至者如歸而師之志亦少酬矣乃罄橐中之藏以供土木之費殿堂門廡齋寮庖庾種種畢具與他大刹等又慮無以善其後也買田千畝以充饘飡之需買山五百餘畝以供薪爇之用朝晡伏臘百爲之具不待外求而可以垂久於是師之素志慰滿無復遺恨矣進其徒而告之曰我初發心建此接待以二

十餘年之久最初之念獲成非敢以爲能報四恩亦見其志而已至若運木石闢基址戮力相其成得四人焉曰全曰機曰璟曰大而四人者既能贊之於始則當共守之於終其各度弟子甲乙相傳以保吾志於將來也寺成於至大改元之四年請於

帝師名之曰至大報恩之寺而俾余爲之記余之居鄰於寺得於目擊可信不誣爲之言曰人生有役不能不奔走於道途古之聖賢不以己之逸而輕人之勞不以居之易而忘行之難也是以公其念慮施之政令使賓客有所館而羈旅有所寓肇自上古周禮謹著之嗚呼大道之行三代之英吾儒傳誦邈若不可及然後世盛時亦有適千里而不賫裹糧者人心之公王政之行千萬世一日也立師方外之人以惠利爲心志專力從其徒舉受其賜然則儒之說行熙洽之理豈有古今之殊哉故余樂記其成而道儒者之説以終之師越之上虞人姓趙氏本立其名雪庭其號云　安陽韓性撰　翰林侍講　學士奉政

大夫知　制誥兼修　國　史袁桷書　上柱　國開府儀同

三司前江浙等處行中書省左丞相別不　花題額

大元泰定元年歲在甲子六月乙卯朔初六日庚申建

刻石人東海王永仁

按記云臥龍紫雲諸山拱列其前攷嘉泰志紫雲山在會稽縣東南五十里與寺遠不相涉明善鄉人不應誤記豈別有所指歟小白華山卽普陀今僧俗所謂朝南海也此風蓋自元而已然矣明善稱居鄰於寺蓋韓氏世居蕺山之麓山西距寺不踰一里乾隆中全謝山主蕺山講席署其齋曰相韓舊塾有記載鮚埼亭集職以此也袁桷字伯長號清容居士慶元人元史有傳別不花元史宰輔表天歷元年爲中書左丞相又程鉅夫雪樓集有別不花官江浙行省左丞相時贈謚三代及妻封延國夫人制

顯寧廟碑碑高六尺廣四尺一寸三十三行行四十七字正書徑一寸

重脩顯寧廟碑

前集賢闕承闕馮子振撰

前翰林學士承　旨榮祿大夫知　制誥同脩　國史趙孟頫書

通議大夫紹興路總管兼管內勸農事于九思篆額

名山五嶽與郡邑守長法施於人歲時二千石率官屬吏民□以禮奉祠東南作鎮之山曰會稽闕二十字東之勝揖禹穴而俯秦望度□□而□臥龍臥龍之陽闕廿一字翔拱之勢□□然峻峙而前陳者越之城隍神顯寧廟也城隍神闕五字州邑闕十九字會稽則唐越州都督龐公□玉闕四字神

仕隋爲監門直閣𡨚久□値大業（闕十二字）東都其歸長安也爲堯君素（闕八字）高祖特倚眷之武德之元太宗（闕十九字）未決太宗兵馳出其背走羅睺□仁杲神之□□爲多武德四年李子通□神□授越州都督以是（闕三字）明年七月召爲雍州都督爲會稽□八閱月而廟食向千載能使越人日遠日慕而日不能忘（闕十八字）神爲之冠其威靈惠利功不倍於漢劉寵馬臻乎每歲九月□旬之□□邦人以神初度（闕十八字）惠威德顯佑昭（闕廿九字）至大己酉大名李侯朵兒赤來牧謁祠下（闕四字）亟（闕四字）先是神有舊像綸巾羽扇酷似孔明大德丙午（闕五字）鳩工構爲燕寢重（闕六字）越□疫□□□幾有司（闕十字）詣神卜（闕五字）至是侯□之併復醯麴一歲勿□凡可以藥越人（闕四十三字）工趣作少□弗力（闕廿一字）植仆樹傾（闕廿一字）嗚呼揃劒（闕廿八字）祀於越人越人之徼福於神其何有已（闕九字）人思之至今侯事神治民可（闕十字）廟倘以（闕五字）無以（闕四字）爲之記以□□越人□謂神之有廟也垂六七百年功德在人（闕八字）之匹唐（闕十四字）出雲雨之上（闕七字）格於以答神貺而報神情此其可□以不朽□不幸而生□隋將革之代猶幸而立□唐維新之朝（闕十字）高蹤之役太宗不以誘其（闕四字）之□胄（闕四字）神則神之將略不後諸將矣會稽經子通竊□神招徠（闕七字）是時名臣文武豈乏任使而神堯聖度（闕五字）神而授之□神之材智儁爲必有超於人者恨史不立傳間見之段達衞玄堯辞諸人之列傳與高祖太宗（闕八字）神之功名□□以暴白於□世吾於簡

書之缺未□□追尤前史之筆削也今而後宇宙間闕十八字爲迎神送神之曲闕五字越人□以祀焉是□神之□□□□辭曰

闕六行

泰□□□三月壬申闕

按嘉泰志龐公誕辰傳爲九月十四日碑中闕字當作中旬之四日矣此碑字多漫漶年號亦泐惟篆額者爲總管于九思萬歷志云九思泰定三年任碑末泰字尚隱約可辨且是年三月乙巳朔壬申實二十八日則立碑卽在是年無疑但玩其文義當爲總管朶兒赤脩廟而作攷朶兒赤於至大皇慶中任越趙子昂卒於至治壬戌卽以卒年計之亦前立碑五載然則碑文蓋具而未刻至是始勒石爾萬歷志職官題名總管有李朶兒繫以元貞元年今攷此碑知朶兒赤實姓李氏萬歷志漏奪赤字又以爲元貞任者皆誤乾隆志不知其爲一人於總管中補入朵兒赤亦誤也馮子振字海粟攸州人元史附儒學陳孚傳

朱太守廟記碑高六尺二寸廣二尺七寸額楷書重脩朱太守廟之記八字二行徑三寸記二十行行四十一字又立石題名二行俱正書徑九分

重脩朱太守廟記

安陽韓性爲文

儒林郎紹興路總管府推官林宇書丹

承德郎紹興路總管府推官申屠駉書額

朱太守廟在越城之北歲久浸圮山陰縣尹高侯文秀葺而新之太守吳人名買臣字翁子嘗爲會稽守□具漢書列傳西都之時吳越去京師萬里士之能自見者無幾何人其事灼灼在人耳目廟食至今莫朱□守若也夫生而有土歿而廟食人生之極榮孰無健羨之心然更數千百年僅一二見非有卓然之才出於古今人物之表者何足以致之嗟夫常人之情悼窮而羨達賤貧憔悴見者以爲羞光寵艷麗則人皆驚駭之矣二者交於前而中無定見較計得失徼幸於萬一得不得勿論其爲見趣固已墮於常人中矣非常之榮豈常人所能致哉方翁子之阨窮也視貴富如契券中物刻期而取之何所憑藉而自信若是也亦知時人之才無出已之右者上之人不用才則已須才而用舍我其誰寬以十年之期可以必得其見也定故其言也果是豈計較徼幸者所可同年語哉其嘔歌道中來人笑侮而妻羞之懷其章綬出人不意而故人驚駭之蓋知世之庸庸者悼窮而羨達徒徇目前之見故因其情而謔之耳傳之人人書之信史第以其甚窮暴達以爲異事而詫詡之若夫窮達與人同而處窮達與人異皆莫知

其所以然吾是以知翁子之才有出於古今人物之表也歿而廟食豈直以其晝繡之榮哉余髫亂時見里中人士禱請廟下無虛日宋咸淳甲戌大比爲士者乞靈焉有薈黑犬騰踔庭中者既而會稽傳君默登進士第默之文黑犬也咸驚其神夫一名一第皆有定分翁子去今幾二千年問爲以言如響斯苔凜然精爽之不泯宜其廟食至今也廟之剏始不著歲月攷之辟記脩於宋大觀者里人高輿祖也脩於宣和者諸葛彭也江南內附三十有四年王君禎更爲脩繕至是三十餘年棟宇傾撓門廡隤圯尤甚高侯過之而歎息爲易其朽蠹更創兩廡使完好而可久閱四月而畢工至元五年歲在己卯孟夏既望則畢工之歲月也是歲仲夏上澣記

趙申鏞　余必勝　沈必達　楊安孫　徐亨　張新　周堂　張慶祖　俞壽吉　阮道堅　楊明　陸全　施德　徐天騏　丁璋　立石

古汴趙良魁鐫

按朱翁子廟越城昌安門外奉爲土穀神每歲以七月十三日迎神像具鼓吹旗幟遍歷城內外名曰太守會推爲特盛具有勅封文應王之號攷封王事不見於載籍惟諸暨松山廟有宋嘉熙四年勅賜文應廟額牒碑後人不知賜額封爵爲二事因而傳聞致誤爾申屠子迪精於篆隸越中碑刻多有題額今此額獨作楷書未知出其手筆否也

銅井龍祠碑記 碑高五尺八寸廣二尺五寸額篆書重立銅井龍祠碑記八字四行徑三寸五分記二十行重立年月二行行俱四十六字正書徑一寸

銅井龍祠記

承直郎紹興路山陰縣尹兼勸農事高文秀撰

儒林郎紹興路捴管府推官林宇書丹

承德郎紹興路捴管府推官申屠綱篆額

會稽山陰七十餘里是爲銅井峯巒倚雲霧其上有潭龍神居之歲旱滂不齊邑人於是請禱載於郡志至元□年歲在乙亥春不雨至于四月田畝槁乾種不入土郡邑雩禜弗效邑人列縣署請禱于銅井文秀白之郡夙齋戒至于山下月之十有三日質明由山址攀援而登深澗峭岩徑道險絶迨禺中乃至絶頂復南向下行行可五六里抵于□□率邑父老拜跪而請少時風起西南馮馮萬皷之震回視四山雲霧坌起昏曀若深夜衆相顧肅癹炊五斗黍頃□□息林木漸可見驟雨隨作潭心洶洶有聲水波沸騰有動物出波上往視之龜也其大三指其色塗黃衆知龍君□□所致潔器皿迎致之余復拜跪而禱曰神龍之靈紀于圖經傳于父老之口乃今得之目擊甘雨沛然此鄉之人既□其澤矣爰即縣署奉安以祈終惠使百里之閒均受其賜將立廟刻石以永神之豐功也因奉迎至山下視靈物已□

如掌色正青如染藍目睒睒然與冓絶異當是時雨勢猶未止環山暵田之水無慮五寸田夫畊者耨□分秧而植者野中如織懽呼之聲相聞晚至縣署明日縣長吏率父老手香來謁僧道士各以其教嚴齋醮事雨遍百里優渥沾□數日而後霽乃奉靈物返于故所雨復作山下若謝送者葵月之二十有四日也嗚呼若神者可謂靈也已山陰爲東南負山西北濱江海高下之□歲有旱潦之虞斯民之生以神龍爲司命文秀承乏茲邑惟民食是憂今也以神之靈農夫得肆力畎甽而有冀於豐稔可不思所以報哉且夙有諾於神明矣乃命□胥夷其路之尤險者立廟山椒肖神像而奉焉廟成偕邑人具牲牢以揭虔妥靈遂記神之靈饗刻于樂石使後之人嚴事脩葺永永勿怠而神孚佑饗答得百里之民永有依怙此建立祠宇之意也

至元五年歲在巳卯十月吉日士民金□祥等立石

正德十二年歲在丁丑四月吉旦

文林郎山陰縣知縣大庾孫瓊重立　縣丞闕

邑人王廷□鐫

按嘉泰志銅井瑞澤龍王廟在縣西七十里七十蓋三十之誤記不敍神嘗有封號且云

立廟肖像則宋時之廟圮廢久矣潭在岡上距廟約數百步許碑經明代復建必以祈求有應若越中近日請禱皆在會稽義峰山徑平夷官民夷便於趨事幾不知有銅井者然吾越恃三江爲蓄洩近聞多滲漏旱乾頻告銅井素著靈異似不當遺是在軫念民瘼者靡神不舉爾碑中申屠絅當作駉文亦頗有譌字皆因重刻致誤

光相橋題記 刻高二尺八寸廣一尺二寸四行行十六字正書徑一寸五分

古有光相橋□□頽圮妨碍經行□□□

今自備己資鼎新重建光相洞橋以圖永

固歲旹辛巳至正□年閏五月吉日□□

上虞縣石匠丁壽造

按辛巳爲至正元年是橋以光相寺得名寺乃晉安帝義熙中建未知建橋在何時也

貢承務去思碑 碑高七尺廣三尺九寸額篆書重立去思之碑六字三行徑六寸文二十七行行四十一字行書徑一寸二分題名八行正書徑五分重立題名一行徑一寸二分

紹興路總管府推官貢承務去思碑銘 幷序

郡士李節撰

郡人呂中立書

通議大夫禮部尚書領會同館事泰不華篆額

古者明刑掌教雖設官異任然皆道德之士也今觀詩書所載虞朝明刑屬臯陶周時聽訟美召伯及臯陳謨召進戒又無非教也宣城貢侯泰甫來爲郡推官其明刑而善教者歟越爲東南甲郡瀕海故多盜漸染使然也其俗儉樸其教易施天性固然也侯經術士以經術用法律者也侯爲政首懲殘虐以倫紀爲重會稽場民有虐其民之妻者訟經年歲陰拱以覬幸免侯至從容立決當其罪止山陰民有誣告同產者氣燄熏灼侯執筆定罪山獄不搖其定力有如此者它如餘姚諸暨等處獲盜上府或誣告人命株連蔓延繫者滿獄侯察辭色審故誤罪止首從餘或傭賃白　奉使宣撫破械縱之誣告者坐之其剛明有如此者屬縣有獲到昌國州魚船中鎗頭鑼鼓者侯躬自閲視皆朽鈍物非戎器而類戎器者曷不問船中一行遂得生還故里其平恕有如此者它可書者非一此特舉其概爾至如新旌忠廟勵節概也祭梓潼祠振士風也較藝頖宮尚經學也蓋刑以齊民教以導民此豈職業之外者雖然獄必衆讞必徵驗我心固知其寃而衆不我同奈何則平反之何時而瘐死之無日矣今侯之涖是官也郡之長貳賢同寮賢幕屬佐史又賢侯得以行其所學不難也雖然民

之情猶水也壅之必決司縣不受詞游徼不捕盜以戶婚爲滯訟以鬬毆爲薄刑赴愬於府者日衆侯亦爲之辯別剖析俾得以輸其情民奔走道途間紛然闐府門以伺侯之出否曰貢推官吾父母也侯何以得民若是哉是歲大比湖廣以考文聘去不果來矣頖宮之士思而賦之其詩曰淑問如臯陶在頖獻囚甘棠之民思而賦之其詩曰蔽芾甘棠勿翦勿伐詩之感人相去千百載猶前日事遂相與樹碑道左以寓其思來徵文余不得辭也因繫之以詩曰

皇元御極　欽哉恤刑　至仁無外　大德好生
侃〻貢侯　明命肅將　禔慎庶獄　嘉靖一邦
侯本越俗　教以化之　君子懷德　小人畏威
緜〻葛藟　猶芘本根　彼獨何心　禍搆一門
我侯靡憚　亟賓之法　誰謂愚頑　敢肆汙蠛
彼爲慘酷　彼犯法外　法外治之　我則爲太
侯執常典　不自重輕　豈以一夫　而失其平
氓之蚩〻　多犯忌諱　網開三面　使之易避

誣罔諟讕　不爲末減　壹者之懲　相戒勿犯
廟妥忠魂　祭嚴燕禮　匪人之媚　緊教之始
當世取士　侯執文柄　洗滌舊習　粹出於正
三代訓誥　兩漢文章　士孰不曰　韓李歐陽
漢有于公　奮自刀筆　彼美南獝　世掌綸綍
秦望鑑湖　衣被餘光　教淑人心　何日可忘

至正八年　月　日士民儒學教授楊復學録何德中山長陳憲永山長趙友蘭教諭張
用庚教諭陳眉壽王泳之孫鼎喻仰翁王性之夏泰亨王宥陳敬余克勤王儉趙俶方
升趙麟𠀉岕孫𠀉山孫𠀉文質端木權楊淵錢宰劉子青馬顒周昌柯純王德裕富處
善商玉唐元壽徐仁壽王麟費親賢
住持大寶林大同　大能仁時習　圓通允若　天章妙霖　景福元永　戒定寺行
滿　集善寺汝梅　戒珠寺普見　至大寺元澄　瑞應宮蕭景微　大禹希白
在城稅司提領張才　副使沈宴只吉臺
路吏韓元璧　吕堉　鄭珪　留元善　閻澤

將仕郎紹興錄事徐觀　將仕郎紹興錄事司達魯花赤篤列圖　承事郎紹興路會稽縣達魯花赤買睦　承務郎紹興路山陰縣達魯花赤廉寶寶

承事郎紹興路總管府經歷吳中立石　路吏董國祥督工　山陰俞謙建亭　四明王永仁鐫字

皇明成化六年龍集庚寅四月初七日奉議大夫紹興府同知浮梁黃璧重立

按貢公名師泰元史列傳所載餘姚諸暨二事並見於碑其平反山陰白洋港史甲一案則碑所未及也朱燧玩齋紀年錄云以大臣薦江浙治行第一召爲應奉翰林文字碑稱湖廣以考文聘去蓋是時以膺薦牘故知其不果來至抵京師授翰林應奉當在立碑後矣在城稅司攷元典章紹興路在一千兩以上設提領官正八品副使官從九品山長二人元時山陰有蘭亭書院會稽有和靖書院皆省設山長一員主領錢糧教事敎諭張用庚見至正五年會稽修學記則陳眉壽當爲山陰教諭士民中如趙俶字本初山陰人錢宰字子山陰人明史俱有傳夏泰亨王有唐元壽並有詩文流傳於世皆一時之選也經歷吳中會稽監縣買睦提領張才副使沈宴只吉臺紹興府志俱未載

趙承務去思碑碑高七尺三寸廣四尺額篆書重立去思之碑六字三行徑六寸文二十一行行三十四字行書徑一寸五分題名八行正書徑五分首行下重立題名一行

徑九分

紹興路總管府推官趙承務去思碑 幷序

郡士李節撰

郡人呂中立書

通議大夫禮部尚書領會同舘事泰不華篆額

嘗讀史漢循吏傳所紀不過數人寂寥簡短一語不及刑獄事何歟又不爲吳公立傳至班固則以其居官時有遺愛之在民者槩論之曰所居民富所去見思於是後世去思之碑立矣若宣德趙侯叔遜爲吾郡推官庶乎無媿於此侯在官久郡有獄皆俟其決無不當者此不書不勝書也請書其尤著者以推見其不書者可乎侯決獄必稽經諏律重倫紀寬詿誤纇非文俗吏之所能爲者若夫骨肉之相殘也則人心天理幾於泯滅而無餘矣設姧謀而據人之妻則官府可得而誣罔矣造僞者捕獲有可疑者則法重而投之死已矣一痛以懲之以示茲用不犯之嚴戒一寬以宥之務存寧失不經之餘意此三代盛時治獄者之用心也嗚呼仁哉夫以賤臣叩心盛夏降霜孝婦銜寃東海告旱雖事關一郡然天人甚邇可畏哉書曰式敬尒由獄蘇公爲司寇以此治郡獄者不當如是耶侯家世守郡歷省府掾史典章吏律熟矣又加之以

問學無往而非敬事親以孝事官長以誠協同寮以公待士以禮故居官則愛既去則思曾何士民之間其治行見察於臺憲擢福建閩海道肅政廉訪司經歷自此躋清要矣既礲石衆來徵文余不得辭系以詩曰

舜命理官　弼教以刑　漢置廷尉　天下之平

趙侯曰嘻　豈不在我　始於一郡　推之天下

仁哉趙侯　用心之大　士陶淳風　民誦遺愛

書戒捴貨　傳譏鬻獄　趙侯一廉　如雪如玉

風憲擇賢　去莫我留　何時繡節　來按吾州

鏡水之湄　臥龍之址　悠〻我思　曷維其已

臥龍之址　鏡水之湄　我思味〻　何有已時

至正八年　月　日

儒學教授楊復學錄何德中山長陳憲永趙友蘭教諭張用庚陳省壽王泳之孫鼎喻仰翁夏泰亨王宥陳敬趙俶王儉余克勤丘岈孫丘山孫丘文質趙麟唐元壽馬顒周昌楊淵錢宰呂楷宋子俊柯純王德裕徐仁壽費親賢王麟富處善

住持大寶林大同大能仁時習圓通允若天章妙霖大禹希白景福元永　戒定寺行

滿集善寺汝梅戒珠寺普見　瑞應宮蕭景微　至大寺元澄在城稅司提領張才副

使沈晏只吉臺

路吏韓元辟呂堉鄭珪留元善閻澤端木權

將仕郎紹興路錄事徐觀　將仕郎紹興路錄事司達魯花赤萬列圖　承事郎紹興路

會稽縣達魯花赤買睦　承務郎紹興路山陰縣達魯花赤廉寶寶

承事郎紹興路總管府經歷吳中　立石　路吏董國祥督工　山陰俞謙建亭

四明王永仁鐫

成化六年龍集庚寅四月初七日奉議大夫紹興府同知浮梁黃璧重立

按趙侯叔遜當是其字惜名無攷趙治績不如貢之著然與貢同時同官而民亦立石繫思則必有可稱者二碑實元代物題重立者殆因委棄而復樹之非覆刻也黃璧字廷玉萬歷府志稱其守潔政平民甚宜之故於前代循良之吏頗樂爲表章焉

北海橋題字　刻高二尺二寸廣一尺二行行六字正書徑三寸五分

巳丑至正九年

九月十一日建

按橋巳載嘉泰志蓋在宋時坊郭鄉之北海里也舊傳唐李邕來越寓居此里故名宏治紹興府志云元至正間余清建其即此次重建者歟

以上越中金石記山陰縣

唐等慈寺經幢

等慈寺佛頂尊勝陀羅尼經幢經咒不錄

譙國奚虛己書在首行經題之下

上福寺主僧　上座僧紹宏　都維那僧清溢　僧神亮文則　德言　寶泉寺僧清印　上座元緒　都維那惟鏡

開成五秊三月□□建　淨信弟子（上羊下禾）（上丙下冉）榮并妻童氏男五人倩春乂邁皓共立永充供養同勾當經院田人

趙廣　樂遜　馬成程曇□　刻字□□

右幢在上虞縣城東門内菜圃中石高五尺四寸八面周廣四尺八寸疑各八行字徑五分開成五年三月奚虛己書李茂才方湛訪得之于等慈寺故墟按明令楊爲棟等慈寺

碑云瓶于梁治于唐復于宋重興于明是幢之建有所自來中又云上福寺寶泉寺其時代或有分裂歟奚虛己書不著于錄字體疏朗宋歐陽文忠瀧岡阡表極似之同時有會昌元年奚獎尊勝幢今在山陰戢山書院見寶刻類編而虛己名獨遺之棻甯榮五子而命頗雅馴不諧俗亦一時之聞人歟

宋越顯寧廟加封勑牒碑

尚書省牒　越州顯寧廟昭祐公（正書十二字徑三寸）

太常寺狀准尚書省劄子三省同奉

聖旨駐蹕會稽今已逾歲妖祲不作行殿載寧越州城隍廟崇福侯可特賜額封公並令太常寺擬定申尚書省依准今降

聖旨指揮欲擬昭祐公伏乞　朝廷詳酌指揮施行申聞事　城隍廟崇福侯（正書三行徑五分）

牒奉

勑朕展義東南駐蹕都會宮室城郭之必葺殆歲之周氣祲妖孽之弗興緊神之祐是用錫上公之尊爵加二字之榮名不顯其光用示無窮之報自今以始常儲有羨之祥宜特封昭祐公

牒至准

勑　故牒正書六行徑四五寸不等內三牒字二勑字皆大草書　紹興元年五月尚書省印日牒此行年月在前故牒之下正書徑二寸

叅知政事張　尚書右僕射同中書門下平章事正書一行徑四寸銜尾皆有押

少傅鎭潼軍節度使判紹興軍府事兼提舉學事兼管內勸農使充兩浙東路安撫使馬步軍都總管信安郡王食邑七千二百戶食實封叁阡肆伯戶孟忠厚立石正書一行徑五分

右碑在紹興府臥龍山城隍廟額題篆書勑賜昭祐公碑六字徑三寸前碑因賜廟額而立此則加封公爵亦由太常寺狀申尚書省奉勑施行者也二碑前後兩面刻牒式同前惟此碑末有孟宗厚立石題銜一行按忠厚字仁仲隆祐太后兄子前後凡三判越州此其初任也鎭潼軍節度宋史作鎭海軍錢宮詹云史誤應從碑高宗本紀紹興元年十月己丑升越州爲紹興府碑前云越州後云紹興府立石在升府之後

宋越州顯寍廟賜額勑牒碑

尚書省牒　越州顯寧廟正書九字徑三寸

太常寺狀准尚書省劄子三省同奉

聖旨駐蹕會稽今已逾歲妖祲不作行殿載寧越州城隍廟崇福侯可特賜額封公並令太常

寺擬定申尚書省本寺依准今降

聖旨指揮擬定廟額今欲擬顯寧廟廟額伏乞朝廷詳酌指揮施行申聞事正書三行徑五分

牒奉

勅宜賜顯寧廟爲額牒至准

勅故牒正書三行徑四五寸不等內三牒字二勅字皆大草書

紹興元年五月尚書省印日牒此在前故牒之下正書徑二寸

參知政事張　尚書右僕射同中書門下平章事正書一行徑四寸銜尾皆有押

攝本州助教兼郡□□主管廟事胡永宗

承信郎□□□□指使馬紳捨石　會稽陳師堂刻小字三行徑五分

右碑在紹興府卧龍山城隍廟額題篆書勅賜顯寧廟碑六字徑四寸碑文首行尚書省牒越州顯寧廟九大字次三行小字乃太常寺擬定廟額申尚書省狀也次三行乃尚書省牒文後題紹興元年五月日鈐以尚書省印末行押勅二人曰參知政事張而不名者張守也曰尚書右僕射同中書門下平章事不書姓名者范宗尹也錢辛楣少詹云自元豐官制行而平章參知之名久廢南渡初詔尚書左右僕射並帶同中書門下平章事改

門下中書侍郎爲參知政事而宰輔之名又一變矣

以上兩浙金石志山陰縣

建初買山題記刻高六尺三寸廣五尺分二列上列一行二字下列五行行四字隸書徑一尺右首題名一段高三尺六寸廣二尺八寸五行行字不等正書徑四寸

昆弟六人

共買山地

大吉　建初元䄵

𡧍乜冢地

直三萬錢

後一千七百四十八年道光癸未南海吳榮光偕仁和趙魏武進陸耀遹山陰杜煦杜春生獲石同觀

阮元兩浙金石志右刻近爲山陰杜氏所獲蓋當時買地劵文也𡧍是造字省口冢是冡字

春生按是刻在會稽䟕山郡城東南五十里萬歷紹興府志云土人傳爲錢武肅王微時販鹽遇官兵䟕避此山壁上書大吉字攷山名不見於嘉泰會稽志明人輒採委巷之談

據以入志至大吉下尚有題字則不知也其習傳爲武肅者豈當時亦嘗有見錢字者而

傳會歟癸未仲夏余偕兄尺莊覔先世葬地偶憩茲山其石高不及二尋迤邐圍十餘丈色黝然而黑土人云有字在石趾剔除苔蘚諦視乃東漢人題記成李特後秦姚萇西涼李暠皆以建初紀年與越中無涉爲自來金石家著錄所未及者喜踰望外蓋在其前者惟秦泰山殘石十字琅邪臺八十七字漢五鳳刻石十三字居攝墳壇二十二字永平開褒斜道一百二十字總五種二百五十四字而已石鼓傳爲周刻但無年代可據詢知其地屬村氓以萬錢購得之時南海吴荷屋夫子廉訪浙江蒞政餘閒搜羅古刻方以兩浙無漢碑爲歉及見拓本歎未曾有遂手書題名屬勒其旁夫茲刻埋沒荒山已逾千載無過而問焉者今且爭先快覩求取幾無虛日物之顯晦固自有時哉記文五句凡三用韻古人先韻諸字多讀入眞故年錢與人爲韻也石右五尺許又有退思二字正書徑七八寸不詳何代所刻當亦非唐以後者

禹陵窆石殘字有字跡處高三尺二寸廣一尺三行行十一字篆書徑二寸五分

□□日□□□□□□王石

□□□𢧐刀　羿□天文日□

□□□□□眞□□黄□□

朱彝尊曝書亭集黄岡張編修視學兩浙按部於越拓會稽山禹穴窆石題字見寄請予審

定其文予考窆石之制不載于聶崇義三禮圖惟周官冢人之職及竁供喪之窆器及窆執斧以涖鄭康成以爲下棺豐碑之屬圖經禹葬于會稽取石爲窆石本無字迨漢永建元年五月始有題字刻于石此王厚之復齋碑錄定以爲漢刻殆不誣矣石崇五尺在今禹廟東南小阜覆之以亭相傳千夫不能撼及歲在乙酉有力士拔之石中斷部下健兒迭相助及拔陷地纔扶寸爾土人塗之以漆仍立故處載考古之葬者下棺用窆蓋在用碑之前碑有銘而窆無銘驗其文乃東漢遺字趙氏金石錄目曰窆石銘誤也

張希良窆石漢隸考禹陵窆石王順伯金石錄云是漢刻第以歲久糢糊難以攷辨余庚午典浙試恭謁禹陵瞻窆石時九日微雨風寒見石上隱躍有字欲命工滌而摹之匆匆返櫂未暇也屬親知官此地者搜求皆以無字對心益惓惓不釋今夏校士越州屬部吏往搨之以意屬讀得二十九字蓋漢代展祭之文尋其隅角當爲五行行十六字其下截爲元季兵毀依韻求之則其下當闕六字敬譯以俟博物者由是觀之安知無字碑不尚有點畫可尋而耳食相沿無好事者以發其祕可慨也

全祖望鮚埼亭集外編會稽禹穴之字趙德甫稱爲窆石銘而王順伯定爲漢刻是也近人謂其詞非銘體因謂碑有銘而窆無銘不知古人原不定以韻語爲銘孔子書季札墓寥寥

十字亦何嘗非銘乎

乾隆紹興府志窆石在禹廟東側南向頂上有穿狀如秤錘惟有玉石并天文等字隱隱可辨據舊志所稱有楊龜山題名竟剝落無一字矣

王昶金石萃編按窆石題字在石下方字大二寸許金石錄及圖經並以爲永建元年五月所刻而趙氏又誤釋作銘是宋時拓本已不甚了了張氏所讀二十九字其釋文今未得見昶以精拓本驗之惟日年王一并天文晦眞九字可辨耳

阮元兩浙金石志按篆文極似天璽紀功碑後檢太平寰宇紀會稽縣引輿地記云禹廟側有石船長一丈云禹所乘也孫皓刻其背以述功焉後人以皓無功可紀乃覆船刻它字其船中折據此爲三國孫氏刻審矣嘉泰志稱直寶文閣王順伯復齋定爲漢刻未之得也

按明天順中韓陽重建窆石亭記巳云石上遺字歲久糢糊難於考辨迄今又四百年僅有數字隱約可見其文亦向無紀錄者金石萃編所辨日年玉一并天文晦眞九字兩浙金石志所辨玉石乾象并天文眞黃九字其不同者四字合之當得十三字余就精拓本審視則王辨年字未確一字即石字之上畫惟晦字僅存其左之日阮辨象字亦僅存其上之刀然二字皆當不誤共得日玉石乾象并天文晦眞黃十一字較張氏之釋尚少十

八字也朱竹垞跋稱歲在乙酉（當指順治二年）有力士拔之石中斷疑係傳聞之譌萬歷府志云元至正末兵變爲所傷折攷徐勉之保越錄至正十九年明胡大海攻紹興以軍寨疫作禱禹陵南鎮不應乃毁其像仆窆石然則石之斷蓋在此時矣

石佛像背題字（刻高一尺廣四寸三行正書徑一寸）

齊永明六年太歲

戊辰於吳郡敬造

維衛尊佛

嘉泰會稽志石佛妙相寺唐大和九年建號南崇寺會昌廢晉天福中僧行欽於廢寺前水中得石佛遂重建石佛高才二尺餘背有銘凡十八字筆法亦工案會稽未嘗號吳郡（在隋嘗名吳州然在此後百餘年）此石佛既得之水中又一人可負之而趨者安知非吳郡所造而遷徙在會稽耶

按三寶感通錄西晉愍帝建興元年吳郡吳縣松江滬瀆口漁者遥見海中有二人現浮遊水上有奉佛居士吳縣華里朱膺聞之乃潔齋至瀆口稽首迎之二人隨潮入浦漸近漸明乃知石像便舁還通元寺看像背銘一名維衛二名迦葉莫測帝代而書迹分明舉

高七尺據是則維衞像本在吳郡通元寺好事者因就其地模造迎歸供養耳尊佛嘉泰志作尊像誤

瑞龍宮山界至記刻高三尺廣二尺五寸十二行行十五字正書徑一寸八分

宮記

秘書監賀　知章

宮自　黄帝建候神舘　宋尙書孔

靈產入道奏改懷仙館神龍元年再置

開元二年　勑萊天師醮龍現　勑改

龍瑞宮管山界至　東秦皇酒甕射的

山　西石簣山　南望海玉笥香炉峯

北禹陵內射的潭五雲溪水府白鶴山

淘砂徑茗陽宮山鹿跡潭葑田茭池

洞天第十本名　天帝陽明紫府眞仙

會處　黄帝藏書磐石蓋門封宛委穴

禹至開得書治水封禹穴

阮元兩浙金石志嘉泰會稽志云龍瑞宫在縣東南二十五里有禹穴及陽明洞天道家以爲黄帝時嘗建候神館于此至唐神龍元年置懷仙館開元二年因龍見改今額又云山巔有飛來石其下葛仙翁丹井山南則葉天師龍見壇棲神乃候神之誤又吳越春秋此山爲黄帝藏金簡玉字之書處有男子自稱蒼水使者禹因之得導水之法云云此記所述皆與諸書合而諸道石刻録謂刻於開元二年二月則誤以建宫之年爲刻石之年矣唐書賀知章於證聖初擢進士歷官至祕書監天寶初請爲道士還鄉里書碑當在歸里之後王象之輿地紀勝載此刻而不及其年月是記後本未書年今石上四圍有界線可證也

按是刻阮志作龍瑞宫記余題爲龍瑞宫山界至記者從寶慶會稽續志也記所載秦皇酒甕石至鹿跡潭諸名惟望海不見於志乘輿地廣記云秦望山始皇登之以望東海且正在龍瑞之南是秦望當一名望海而地志遺之賀監歸越在天寶三載史傳稱卒年八十六攷盧象贈别歌序有年八十六而道心益固之語則是年已及其數况肅宗乾元中詔贈禮部尚書使果當年即逝明皇應早有贈邮疑唐書誤以辭官之歲爲怛化之年也特肅宗詔内祇稱越州千秋觀道士而不書官記中反署舊銜似非先生遺榮本色寶慶

志云不知何人所記是先生於此記僅爲一書或尚在居官之日乎宋志稱宫内有重刻本今宫已久圮碑亦不存予兄菊生[丙杰]嘗於道藏中鈔得龍瑞觀禹穴陽明洞天圖經一卷因篇帙寥寥難以單行今附錄於後以資考證併存越中文獻之一種焉

龍瑞觀禹穴陽明洞天圖經　　鞠七

宋翰林學士李宗諤修定

會稽龍瑞觀在縣東南一十五里即大禹探靈寶五符治水之所唐神龍元年置懷仙館開元二年勑葉天師設醮而龍見因改賜今額

會稽山在縣東一十二里揚州之鎮山曰會稽山海經云上多金玉下多玞石一名衡山輿地志云會稽山一名衡山其山有石狀如覆鬴亦謂之覆鬴山皇覽曰會稽山本名苗山越傳曰禹到大越上苗山大會計爵有德封有功因而更名苗山曰會稽史記封禪書云禹封泰山禪會稽黄帝玄女兵法曰禹問風后曰吾聞黄帝有負勝之圖六甲陰陽之道今在乎風后曰黄帝藏於會稽之山其坎深千尺鎮以盤石又遁甲開山圖曰禹治水至會稽宿於衡嶺宛委之神奏玉匱之書十二卷以授禹禹未及持之四卷飛入泉四卷飛上天禹得四卷開而視之乃遁甲開山圖因以治水訖乃緘書於洞穴按龜山白玉經

曰會稽山周迴三百五十里名陽明洞天一也唐開元十年封四鎭爲公故會稽山爲南鎭永興公

宛委山在縣東一十五里遁甲開山圖曰禹開宛委山得赤珪如日白珪如月長一尺二寸吳越春秋曰九山東南曰天柱號宛委承以文玉覆以盤石中藏金簡書以青玉爲字編以白銀禹東巡狩至衡山血白馬以祭之見赤繡衣男子自稱玄夷蒼水使者欲得簡書知導水之方請齋於黄帝之嶽禹齋登山發石果得其文乃知四瀆之限百川之理遂周天下而盡力於溝洫矣一名石簣山輿地志云宛委山上有石簣壁立干雲升者累梯而至

射的山在縣南一十五里孔曄會稽志云射的山畔有石室乃仙人射堂東峯有射的遥望山壁有白點如射的土人常以占穀貴賤故語云射的白米斛百射的玄米斛千西有石壁室深可二丈遥望類師子口人謂之師子巖卽仙人射堂也

箭羽山在縣東一十六里孔靈符會稽記云此山在射的山西南水中有白鶴爲仙人取箭因號箭羽山

鄭洪山在縣東三十里後漢鄭洪字巨君會稽山陰人也孔靈符會稽記云射的山南有

白鶴山此鶴爲仙人取箭漢太尉鄭洪嘗採薪得一遺箭頃有人覓見洪還之問何所欲洪識其神人也曰常患若溪載薪爲難願朝南風暮北風後果然故若耶溪風至今爾呼爲鄭公風亦名樵風

自龍瑞觀以下幷山並見越州圖經臣樞伏覩唐開元以來洎聖宋每年春遣使投玉簡放金龍於陽明洞即大禹治水藏書之穴也方於治平年間罷此禮臣樞又伏覩寧州眞寧縣圖經載仙人之事言唐明皇夢身在羅互與羣仙會尋訪問寧州眞寧縣有羅鄉互里乃遣使往彼求訪神仙無所得憂惶間遇一老人問其所求乃指使者曰隨我行及前忽見老人化爲白兎入地穴使者隨而掘之獲二十七玉仙人人各面前有一牌並列姓名得道處若鄭思遠泰山得道荀安禮華山得道並賫歸京師入内道場供養備見事實此粗記其略貴亦知其大槩耳政和四年二月越州特奏名進士勒授灉助教臣葉樞謹記

龍瑞觀禹穴陽明洞天圖經終

十哲贊碑碑高七尺三寸廣四尺額篆書十哲贊碑四字橫列徑四寸五分碑分三列上中列俱二十行下列十八行行字不等正書徑一寸

先師顔回字子淵　制贈兖公

御製

杏壇槐市儒術三千回也亞聖丘也稱賢四科之首百行之先秀而不實得無慟焉

閔損字子騫　制贈費侯

銀青光祿大夫守侍中源乹曜

惟顏亞聖惟閔比德讓宰善辭安親順色□靜無閒中正是則非經卽禮至孝之極

言偃字子游　制贈吳侯

太中大〔夫〕守中書侍郎上柱國盧從愿

文學高□絃歌政聲動則不徑慮乃先□立言弘遠執禮專精升堂入室凜凜猶生

端木賜字子貢　制贈黎侯

黄〔門〕侍郎兼鴻臚卿韋抗

聞一知〔二〕□□□□計就吳滅言行□□□□□□□□□□□□□□□□

冉予字子我　制贈齊侯

右散騎〔常侍〕允行冲

臨淄辯口學以致祿〔懲〕彼不勤見嗤朽木激茲忠孝貽毀新穀政事登科而不庇族

冉雍字仲弓　制贈薛侯

銀青光禄大〔夫〕守中書令上柱國〕張嘉貞

諸侯爲邦雍也可使道在於政政期於理用刑者何居敬則巳允禮允德聞之夫子

冉求字子有　制贈徐侯

開府儀同三司上柱國廣平郡開國公宋璟

文之禮樂適可成人目以政事方爲具臣豈才不足寧道斯屯其謂國老眇然清塵

仲由字子路　制贈衛侯

右散騎常侍上柱國陸餘慶

偉哉英士既〻且忠宿言無諾弊□□□□□□□□山氣雄燔臺□□□□□□

冉耕字伯牛　制贈鄆侯

開府儀同三司上柱國梁國公姚元崇

顓門隸業入室推賢名惟科首行則士先是爲上足寧同及肩亡之命矣懷之喟然

曾𦳝字子輿　制贈成伯

禮部尚書許〔國公〕蘇頲

百行之極〔三才以〕教聖人叙經曾氏知孝全謂手足動稱容貌事親事君是則是効

卜商字子夏　制贈魏侯

尙書左丞上柱國裴漼

孔門好學文章粲然言詩屬傳師聖齊賢德不喻法人何怨天見疑夫子離群久焉

唐元和十年十二月三日浙東觀察使越州刺史兼御史中丞孟簡置

阮元兩浙金石志明皇御製顔子贊當時亦曾刻石今山東金鄉縣學有此碑其閔子以下十贊皆紀載無傳此碑經後人重摹故錯字甚多如宰予爲冉予元行冲爲允行冲裴灌爲裴漼既烈且忠烈字作列皆是也（春生按裴灌乃裴漼之誤阮氏以爲裴灌亦非又以錯字甚多謂經後人重摹亦無確證）

按唐會要開元八年進聖門十哲並曾子從祀詔曰顔子等十哲宜爲坐像悉令從祀曾參大孝德冠同列特爲塑像坐於十哲之次今此碑序列諸賢任意位置且躋曾子於子夏之上顯與詔書不合至以宰予爲冉予或疑唐時古籍尙多別有所本不知諸臣奉勅作贊即偶見於他書亦不敢據爲典要此可決其必無是說也諸賢贈爵在開元二十七年非作贊時所有（作贊即在八年宋璟罷相爲開府儀同三司源乾曜爲侍中蘇頲爲禮部尙書證之唐書皆是年事）蓋亦追書之源乾曜等九人兩唐書皆有傳陸餘慶新書附陸元方傳然不言其爲散騎常侍裴漼則兩書俱

不言其爲尚書左丞是可以補史文之闕者此碑趙氏金石錄嘉泰志俱作孔子弟子贊則意未見碑額也

道士楊政題名刻高二尺二寸廣五寸五分二行行十字正書徑二寸

道士楊政謹□□□□□

受業顯德二年乙卯五月

按顯德二年爲吳越王俶嗣位之八年錢氏雖奉中國正朔然金石流傳往往祇書紀元而不著某代此刻稱顯德而不稱周亦此例也嘉泰志稱飛來石上有唐宋諸賢題名今唐人自宮記外無一存者卽宋人除可辨者按代著錄其餘漫漶不可讀者尚多皆由工匠不知愛惜重疊鑱刻使古跡就湮爲可恨爾

至聖文宣王贊幷加號詔碑高七尺八寸廣四尺二寸額篆書御製至聖文宣王贊幷加號詔十二字六行徑三寸五分碑前分二列上列贊十三行行十六字下列詔十三行行二十三字俱行書徑一寸四分碑後文三行行五十七字行書徑七分

至聖文宣王贊幷序

御製

若夫撿玉　介丘迴輿闕里緬懷於

先聖躬謁於
嚴祠以爲易俗化民既仰師於彝訓宗儒
尊道宜益峻於徽章增薦崇名聿陳明祀
思形容於盛德爰刻鏤於斯文贊曰
立言不朽　垂教無疆
昭然令德　偉哉素王
人倫之表　帝道之綱
厥功實茂　其用允臧
升中既畢　盛典載揚
洪名有赫　懿範彌彰

加號詔

王者順考古道懋建大猷崇四術以化民昭宣教〔本總〕百〔王〕而致理丕變人文方啓迪於
素風思肇揚於〔鴻〕烈
先聖文宣王道膺上聖體自生知以天縱之多能實人倫之先覺玄功侔於簡易景鑠配乎貞

明惟列辟〔以尊崇爲〕億載之師表肆朕寡昧欽承命歷曷嘗不遵守彝〔訓保乂〕中區屬以
祇若　元符告成喬嶽觀風廣魯之地飾駕〔數仞之牆躬〕謁遺祠緬懷遐躅仰明靈之如在
肅奠獻以惟〔寅是用〕徽簡策之文昭聰叡之德聿舉追崇之禮庶伸嚴奉之心備物典章垂
之不朽誕告多士昭示朕懷宜追謚曰
至聖文宣王祝文特進署仍令所司擇日備禮册命幷修飾祠廟祭器其廟內制度或未合典
禮並令改正給近便五戶以奉塋域仍差官以太牢致祭故茲詔示想宜知悉
大中祥符元年十月二十四日　東封禮畢十一月一日　車駕幸曲阜縣謁奠　先
聖文宣王命刑部尚書溫仲舒等分奠七十二弟子先儒禮畢幸孔林是日　詔先聖
加號　至聖文宣王　御製贊又　詔吏部尚書張齊賢等次日以太牢致祭　詔兗
公顏子進封兗國公十哲閔子已下進封公曾子已下進封侯先儒左丘明已下進封
伯五年八月二十二日奉　勅諸道州府軍監各於　至聖文宣王廟刻　御製贊幷
詔

阮元兩浙金石志按此詔當時諸學有之以曲阜孔廟本校之首題作闕筆元字後又有添
云十一月日奉勅改謚曰至聖文宣王牒奉勅十九字此碑直作至字當在十一月已後也

按此詔在曲阜者係明代重勒余又收得一碑不知何地所刻末亦多十一月日奉勅改謚曰至聖文宣王十四字其贊詔後記中至聖俱作元聖攷續通鑑長編云初欲進謚爲帝或言宣父周之陪臣周止稱王不當加帝號故第增美名春秋演孔圖曰孔子母夢黑帝而生故曰元聖莊子曰恬憺元聖素王之道遂取以爲稱又云五年十二月壬申（是月甲子朔壬申乃月之九日則在十二月無疑而各牌皆作十一月未知孰是）改謚元聖文宣王爲至聖文宣王據宋史禮志則以避聖祖諱故也此碑不知何意刪改謚一語因易贊詔後記元聖字悉爲至聖以泯其迹蓋無識之徒爲之碑中無彊當作疆飾篤當作飭曲阜刻俱不誤

陳堯佐題名（刻高一尺六寸廣一尺四寸五行行六字左行正書徑三寸）

皇宋祀

汾陰之再□□

孟合中允來轉

運使陳堯佐書

孟冬五日

按眞宗祀汾陰在大中祥符四年此云再□則六年矣堯佐字希元閬州人宋史有傳

張懷寶等題名刻高三尺二寸廣一尺二寸三行行字不等左行正書徑二寸五分

天禧二年歲次戊午秋八月轉運副使張懷寶知州高紳通判刁湛節推辛有孚同游此

按嘉泰志高紳於天禧元年四月以刑部郎中直昭文館來知州事江少虞事實類苑稱徐鉉鄭文寶查道高紳皆江東善篆者當即其人也紳於至道中官湖湘轉運咸平中以右司諫直史館知華州見韓見素西嶽廟勅賜乳香碑記刁湛昇州人宋史附見父衎傳官至刑部郎中辛有孚後於天聖元年以大理寺丞知宜興縣見咸淳毘陵志節推亦越中幕職蓋宋承吳越制越州猶領鎮東軍節度兼觀察處置等使當時或以寵親王及大臣外戚不常置亦無歸鎮者其職務則知州通判官總之而幕僚之設如故此亦府志職官所當採錄者也通判刁湛節度推官辛有孚乾隆府志俱未載

高紳等題名刻高二尺七寸廣八寸三行行字不等左行正書徑二寸

天禧三年七月八日高紳李夷庚李□□高信臣劉逵□守素高先同游高庚書

按李夷庚天禧二年間以吏部員外郎直史館知明州有復湖建學諸事見延祐四明志

陽明洞投龍簡記刻高三尺一寸廣五尺十三行行字不等又題名二行俱正書徑三寸

皇宋三葉闕十餘字東封之一十二年□事于 南郊大禮云畢闕數字明年季春始命入内内侍省

內西頭供奉官王從政齎持金龍玉簡（闕數字）陽明洞天射的潭設醮恭謝 休徵爲民祈福也時祗事侍行者太常博□□越州軍州事鄭向大理評事通判軍州事牛昭儉觀察推官試大理評事江白謹書石壁以□能事天禧四年三月二十三日記

會稽主簿湯楷

玉淸宮智賢大師□文成

按記云東封之一十二年有事于南郊宋史眞宗本紀大中祥符元年封泰山天禧三年祀天地於圜丘是也東齋記事云道家有金龍玉簡金龍以銅玉簡以階石制學士院撰文具一歲中齋醮數投于名山洞府天聖中仁宗以其頗爲州郡之擾下道錄院裁度才留二十處時兩浙東路祗有台州赤城山玉京洞一處而陽明洞遂在所罷之內矣鄭向字公明陳留人其知州事不載於宋史本傳及嘉泰志宋太守題名記（文載會稽掇英總集）亦不列題名記刻於天聖九年距天禧四年不過十一稔豈有遺忘攷前守盧幹於四年二月卒官（題名記與嘉泰志俱幹天禧二年十月到官三年二月捐館攷高紳於三年七月去任有本山題名可證幹代其職知到官當在三年十月而卒在四年二月可知矣記與志俱差一年）後守任布於四月方至其間必係向暫權州事此刻博士下泐一字或作權不作知也牛昭儉後知衢州見浙江通志江白建昌南城人景德進士官至兵部員外郎見江西

宋史入孝義傳通判牛昭儉察推江白會稽主簿湯楷乾隆府志俱未載

陽明洞射的潭投龍簡記刻高三尺三寸廣四尺三寸十四行行字不等正書徑二寸

國家茂育羣品撫綏兆民□□□□百靈固　洪基於萬世特命入內內侍省內東頭供奉官劉□□□詣龍瑞親建靈寶道場三晝夜設清醮一座六月十九日投金龍玉簡於　紫府陽明洞天翌日躬詣　禹王廟建道場□晝夜設醮一座二十三日投金龍玉簡於五雲溪射的潭至信再陳□□□□神祇胥悅　帝道永康時同□龍□□□尚書屯田員外郎知軍州事賜緋魚袋任布大理評事通判軍州牛昭儉大理寺丞新授撫州知州周薰觀察推官徵事郎試大理評事江白謹再誌美于石壁天禧四年六月二十三日記

按任布字應之河南人宋史本傳云布知宿州時越州守闕寇準曰越州有職分田歲入且厚非廉士莫可予乃徙布越州

任布等題名刻高二尺五寸廣一尺二寸四行行十一字正書徑二寸

尚書屯田員外郎知軍州事

任布殿中丞通判軍州事司

徒□□□□□□□□同觀

□□□□□□□□于巖石

按嘉泰志任布以天禧五年十一月移知建州此刻當在四五年間通判司徒氏名無可攷

道士羅拱辰等題名 刻高一尺四寸廣一尺五分四行行字不等正書徑一寸八分

闕文籍洞元大師賜紫羅拱辰

闕同觀道士賜紫陳一鶴

闕

闕雩苑講經論僧惟衍書

按刻殘缺無年月可攷惟李公紀大觀中題名卽刻於其上則亦北宋物矣徽宗以前眞宗尊崇道教故列於此又有副道正喻可名道判賜紫任元素等十餘人題名經大觀中方會題名鑱刻其間已不可讀

王信臣等題名 刻高四尺九寸廣三尺八寸七行行九字正書徑六寸

提刑王信臣希邵柴貽

憲式之會稽守向傳式

士則前四明倅劉黃中
伯通知會稽縣許因其
道卿慶厤二載季冬二
十三日同遊陽明洞天
許聞禮題名

按嘉泰志淳化二年置諸路提點刑獄以朝官充景德四年又置同提點刑獄事以閤門祇候以上充同提刑屢廢不補雖置猶帶同字故武臣常居文臣之次此刻有提刑二人信臣當係文臣貽憲當係武臣也寶慶志有提刑題名始自元符二人俱以在前不錄浙江通志亦遺之又是時兩浙皆隸所部東西二路之分南渡以後制也向傳式開封人左僕射文簡公敏中子宋史附見文簡傳官至龍圖閣直學士其知州事宋太守題名記署銜工部郎中直集賢院有詩見會稽掇英集知會稽縣許因其乾隆府志未載

杜記題名刻高六尺四寸廣四尺三寸七行行十二字正書徑五寸

轉運使兵部員外郎直集賢院
杜杞議復鑑湖畜水溉田時與

司封郎中知州事陳亞左班殿

直勾當檢計余元太常寺太祝

知會稽縣謝景温權節度推官

陳繹同定水則於稽山之下永

爲民利慶厤七年十月一日題

按杜杞字偉長宋史本傳云無錫人歐陽永叔撰墓誌云今爲開封人曾子固鑑湖圖序載其議謂盜湖爲田者利在縱湖水一雨則放聲以動州縣而斗門輙發故爲之立石則水一在五雲橋水深八尺有五寸會稽主之一在跨湖橋水深四尺有五寸山陰主之而斗門之鑰使皆納於州水溢則遣官視則而謹其縱閉又以爲宜益理隄防斗門其敢田者拔其苗而責其力以復湖而重其罰又以爲宜加兩縣之長以提舉之名課其督察而爲之殿賞卽此復湖定則之大略也勾當檢計宋史職官志三司使屬有勾當公事掌右司檢計之事轉運職司錢穀與三司同故勾當官亦有檢計之名如提刑下檢法之類陳亞字亞之維揚人咸平五年進士仕至太常少卿謝景温字師直富陽人宋史附父絳傳其知會稽及熙寧中知越州事史並略之陳繹字和叔開封人其權節度推官宋史本傳

亦不書節推陳釋乾隆府志未載

孫沔等題名刻高二尺二寸廣一尺九寸四行行五字正書徑三寸五分

孫元規蘇才

翁劉南叔皇

祐己丑十月

九日至是

按元規孫沔字會稽人天禧三年進士官至樞密副使謚威敏檢考宋史本傳題名當在母喪居里之時時巳官樞密直學士矣才翁蘇舜元字宋史附弟舜欽文苑傳

孫琪等題名前刻高一尺五分廣一尺六行行六字後刻高一尺廣九寸六行行字不等俱左行正書徑一寸

北海孫琪庶温高郵孫覺莘老同謁

禹祠至此

熙寧戊申十二月己亥

明年二月己酉庶温與朱君平正甫許安世少張酌獻禹祠同章惇子厚遊此㟁時莘老疾作

不至

按宋史孫覺傳時以右正言論樞密副使邵亢奪級丐外授越州通判

孝經碑高六尺四寸廣四尺二寸分六列上五列每三十三行第六列七行行俱十一字惟第一列廿五廿六二行十二字正書徑一寸又年月三行徑八分

孝經

仲尼居曾子侍子曰先王有至德要道以順天下民用和睦上下無怨汝知之乎曾子避席曰參不敏何足以知之子曰夫孝德之本也教之所由生也復坐吾語汝身體髮膚受之父母不敢毀傷孝之始也立身行道揚名於後世以顯父母孝之終也夫孝始於事親中於事君終於立身大雅云無念爾祖聿脩厥德

子曰愛親者不敢惡於人敬親者不敢慢於人愛敬盡於事親而德教加於百姓刑于四海蓋天子之孝也甫刑云一人有慶兆民賴之

在上不驕高而不危制節謹度滿而不溢高而不危所以長守貴也滿而不溢所以長守富也富貴不離其身然後能保其社稷而和其民人蓋諸侯之孝也詩云戰戰競競如臨深淵如履薄冰

非先王之法服不敢服非先王之法言不敢道非先王之德行不敢行是故非法不言非道不行口無擇言身無擇行言滿天下無口過行滿天下無怨惡三者備矣然後能守其宗廟蓋卿

大夫之孝也詩云夙夜匪懈以事一人　資於事父以事母而愛同資

其

禄位而守其祭　蓋士之孝也詩云夙興夜寐無忝爾所生　用天之道

分地之利謹身節用以　父母此庶人之孝也故自天子至於庶人孝無終始而患不及者未

之有也

曾子曰甚哉孝之大也子曰夫孝天之經也地之義也民之行也天地之經而民是則之則天

之明因地之利以順天下是　其教不肅而成其政不嚴而治先王見教之可以化民也是故

先之以博愛而民莫遺其親陳之以德義而民興　先之以敬讓而民不爭導　以禮樂而民

和睦示之以好　知　赫赫師　民具爾瞻

子曰昔者明王之以孝治天下也不　遺小國之臣而況於公侯　子男乎故得萬國之懽心

以　其先王治國者不敢侮於　寡而況於士民乎故得百姓之懽心以事其先君治家者不

敢失於臣妾而況於妻子乎故得人之懽心以事其親夫然故生則親安之祭則鬼享之是以

天下

加於孝乎子曰天地之性人爲貴

人之行莫大於孝孝莫大於嚴父嚴父莫大於配天則周公其人也昔者周公郊祀后稷以配
天宗祀文王於明堂以配上帝是以四海之內各以其職來祭夫聖人之德又何以加於孝乎
故親生之膝下以養父母日嚴聖人因嚴以教敬因親以教愛聖人之教不肅而成其政不嚴
而治其所因者本也父子之道天性也君臣之義也父母生之續莫大焉君親臨之厚莫重焉
故不愛其親而愛他人者謂之悖德不敬其親而敬他人者謂之悖禮以順則逆民無則焉不
在於善而皆在於凶德雖得之君子不貴也君子則不然言思可道行思可樂德義可尊作事
可法容止可觀進退可度以臨其民是以其民畏而愛之則而象之故能成其德教而行其政
令詩云淑人君子其儀不忒

子曰孝子之事親也居則致其敬養則致其樂病則致其憂喪則致其哀祭則致其嚴

事親　　醜　　而

者不除雖日用三牲之養猶爲不孝也

子曰五刑之屬三千而罪莫大於不孝要君者無上非聖人者無法非孝者無親此大亂之道
也

子曰教民親愛莫善於孝教民禮順莫善於悌移風易俗莫善於樂安上治民莫善於禮禮者

敬而已矣故敬其父則子悅敬其兄則弟悅敬其君則臣悅敬一人而千萬人悅所敬者寡而悅者衆此之謂要道也

子曰君子之教以孝也非家至而日見之也教以孝所以敬天下之爲人父者也教以悌所以敬天下之爲人兄者也教以臣所以敬天下之爲人君者也詩云愷悌君子民之父母非至德其孰能順民如此其大者乎

子曰君子之事親孝故忠可移於君事兄悌故順可移於長居家理故治可移於官是以行成於內而名立於後世矣

曾子曰若夫慈愛恭敬安親揚名則聞命矣敢問子從父之令可謂孝乎子曰是何言與是何言與昔者天子有爭臣七人雖無道不失其天下諸侯有爭臣五人雖無道不失其國大夫有爭臣三人雖無道不失其家士有爭友則身不離於令名父有爭子則身不陷於不義故當不義則子不可以不爭於父臣不可以不爭於君故當不義則爭之從父之令又焉得爲孝乎

子曰昔者明王事父孝故事天明事母孝故事地察長幼順故上下治天地明察神明彰矣故雖天子必有尊也言有父也必有先也言有兄也宗廟致敬不忘親也脩身愼行恐辱先也宗廟致敬鬼神著矣孝悌之至通於神明光于四海無所不通詩云自西自東自南自北無思不

服

子曰君子之事上也進思盡忠退思補過將順其美匡救其惡故上下能相親也詩云心乎愛矣遐不謂矣中心藏之何日忘之

子曰孝子之喪親也哭不偯禮無容言不文服美不安聞樂不樂食旨不甘此哀慼之情也三日而食教民無以死傷生毁不滅性此聖人之政也喪不過三年示民有終也爲之棺椁衣衾而舉之陳其簠簋而哀慼之擗踊哭泣哀以送之卜其宅兆而安措之爲之宗廟以鬼享之春秋祭祀以時思之生事愛敬死事哀慼生民之本盡矣死生之義備矣孝子之事親終矣

孝經

熙寧壬子八月壬寅書付姪禮收時寓鄧之廢寺居東齋南軒題

按此刻不載書人姓名亦不詳刻時歲月阮氏孝經校勘記兩浙金石志及乾隆府志據南軒二字遂以爲張敬夫書而竟忘時代之不相值余嘗攷得之蓋謝景初所書熙寧六年所刻也景初字師厚慶歷六年進士官至屯田郎致仕太子賓客濤之孫兵部員外郎絳之子本富春人絳知鄧州卒於官貧不能歸因葬其地而寓居焉具詳歐陽永叔撰絳墓銘中陳後山詩話亦有師厚廢居於鄧之語絳子四人景初最長次曰景温景平景回

景初爲黄魯直婦翁二子公靜名愔公定名悰見山谷集任淵注慥爲景初之姪故命名皆從心旁程公闢續會稽掇英集詩有表姪太廟齋郎謝慥當即其人又景平景回墓誌並王介甫作俱云無子則慥乃景溫之子景溫於熙寧六年正月以工部郎中直史館知越州慥必隨父在越景初又嘗知餘姚縣事築海堤清湖界遺愛在民越其宦遊之地景溫以兄書勒石郡庠非無意也經文敬匡二字避翼祖太祖諱並缺筆

晁端彥題名刻高一尺四寸廣七寸三行行六字左行正書徑二寸

熙寧七年九月

十日晁端彥至

長男說之

按端彥字美叔鉅野人官至祕書少監說之字以道一字伯以官至徽猷閣待制蘇子瞻曾以著述科薦之有景迂生集二十卷司馬溫公晚號迂叟說之慕其爲人故號景迂卒於建炎三年年七十一是時隨侍在越蓋年甫十六云

程師孟等題名刻高二尺二寸廣三尺四寸七行前二行三字後五行五字正書徑四寸

葛仙公

鍊丹嵓

程師孟胡向

崔兟葉表關

景仁王頤元

豐戊午清明

日同遊禹穴

按晉書葛洪傳從祖元吳時學道得仙號曰葛仙公以其鍊丹祕術授弟子鄭隱洪就隱學悉得其法焉攷嘉泰志元字孝先句容人嘗遊會稽今越中有仙公釣磯及鍊丹井遺蹟丹井在禹穴側即此嵓也宋之問詩鍊藥有仙翁者亦指此程師孟字公闢吳人宋史入循吏傳姑蘇志稱其治越寬猛適中而事自治人愈愛戴之好遊山民爲開道稽山門外號廣平路及去爲立生祠胡向清江人皇祐進士萬歷志稱其倅越奏課爲天下第一後官大理卿關景仁字彥長會稽人居錢唐嘉祐四年進士嘗知豐縣性多能鍾律歷數草隸圖畫無所不學尤長於詩見萬姓統譜葉表元豐二年知句容改造縣學見建康志王頤則兩浙金石志云東坡詩集有送王頤赴建康錢監詩文集有故人王頤自然硯銘

欒城集有送王頤殿丞詩通鑑長編熙寧八年二月三司請如勾當官王頤奏廢在京雜賣場又宋永興軍海公壽塔碑題宣德郎守尚書虞部員外郎管勾永興軍耀州三白渠公事騎都尉賜緋魚袋王頤元豐改元九月立頤之立官大槩可見又東坡鳳咮硯銘云太原王頤乾陵無字碑題名政和甲午北豳王頤正父杭州石屋洞題名大名王頤正甫可參訂也康海武功縣志云頤爲大理丞治平中令武功端重該博治有良績以縣故有姚武功詩刻久且蝕矣更以五體書刻而識之

程宏題名 刻高二尺一寸廣一尺五寸四行行六字正書徑三寸

元豐戊午十月

廿六日程宏宏

中同陸傳巖老

王朝彥逢時遊

按程宏當係師孟之子姑蘇志師孟有子名寬嘉祐登第同從宀下應即其昆弟也陸傳山陰人左丞佃之弟嘉祐五年進士與兄俱以儒術顯官至祠部郎在常州與縉雲詹通晉陵李公弼吳興陶光有橫山倡和詩石刻見咸淳毘陵志又嘉泰志載東山壽寧院宣

和五年陸祠部所建方建寺時祠部年逾六十方手植穉松人或笑之及歿年九十松皆爲喬木云

李皇臣等題名刻高二尺六寸廣二尺四寸五行行六字正書徑四寸

李皇臣道夫徐
鐸振文張希顏
勉之黃康弼邦
彥元豐巳未仲
春乙卯同遊

按續會稽掇英集五卷皆熙寧間朝賢送程公闢給事出知越州詩書末署將仕郎試祕書省校書郎守越州會稽縣主簿黃康弼編次將仕郎守大理評事簽書鎮東軍節度判官廳公事徐鐸重校鐸興化莆田人熙寧五年進士第一依附章惇爲科名之玷其爲簽判亦見宋史本傳意四人皆屬同時宦越者皇臣後於哲宗朝知婺州簽判徐鐸會稽主簿黃康弼乾隆府志俱未載

丁竦等題名刻高一尺六寸廣一尺四寸四行行四字左行正書徑四寸

丁竦公善

盛僑晦之

葉仲存之

倪本敦復

按刻無年月攷嘉泰志丁竦於元豐二年十二月以朝議大夫知州事四年十二月替則題名當在三四年間竦丹陽人寶元進士盛僑見烏臺詩案東坡供云熙寧八年秋軾任密州與知漣水縣著作佐郎盛僑後杞菊賦并引云云其後定案以收受譏諷文字不申繳入司罰銅二十斤通鑑長編作知考城縣則坡公事發在元豐二年之冬時已由漣水移考城當於事白後罷官來遊也葉仲杭州人以嘉興貫登嘉祐六年進士倪本錢唐人熙寧三年進士

朱士美等題名刻高二尺廣七寸左行三行行五字正書徑二寸五分

朱士美蔡絢

徐時章綍遊

元祐闕

按章綍字伯成浦城人宋史附見父楶傳攷楶於元祐二年八月來知州事綍是時當隨父在越也

惠因院賢首教藏記碑高七尺一寸五分廣四尺額存下截篆書因賢教記四字四行徑三寸六分記十六行行四十字徑一寸三分又書篆銜名二行字徑一寸一分立石銜名一行字徑一寸俱正書

大宋杭州惠因院賢首教藏記

資政殿學士太中大夫蒲公鎮錢唐之明年政成民樂春正月請晉水淨源闍棃住持南山惠因道場又施金立賢首華梵七祖之像設帳座而祠焉轉運使許懋孫昌齡同繪善財童子參善知識五十四軸并供具三十事通判軍州事朝散郎李孝先姚舜諧共置經函　餘杭高麗國祐世僧統義天聆芳咀潤禮足承教印造經論疏鈔捴七千三百餘帙莊嚴壯麗金碧輝其弟子希仲等欲光昭偉蹟以文見屬因語之曰昔者無上法王出現於世以空化執以福利化欲以緣業化妄以地獄化愚故五蘊九識十八界膠固循環回復於生老病死之中者咸歸度門至於妙用無迹真空無體本源清淨覺照圓明卽華嚴海會稱性極談無大無小同證菩提恢恢焉炳炳焉不可得而思議也臯乎能仁滅而法網散宗途異而諍辯興馬鳴菩薩乃造起信論發明大乘以摧邪說龍勝得之開章釋義又入龍宮誦華嚴以傳于世帝心尊者應

跡終南挾論集觀以授雲華于時機感尚微法雷未振於是賢首菩薩統一心宏五教大明既升爝火始息大雨普注羣物咸潤清涼定慧二大士又從而演之通之如貫意珠圓融無盡噫去聖益遠精義漸隱源公以超悟浩博之才力扶祖訓集注大經著述疏記無慮數十萬言始建教藏于蘇之報恩法華秀之密印寶閣普照善住今惠因盧席又偶當世明公相與協力而興之闡揚尤盛學者如歸隨根器　疑惑能脫纏縛者入正解悟本覺離我人相者比比有之宜乎名流天下化行東表俾世之言佛法者知賢首之爲正宗刻之金石無愧辭矣元祐元年十二月十八日朝散大夫提舉杭州洞霄宮護軍吳興縣開國男食邑三百戶賜紫金魚袋章衡記

承事郎監杭州都酒務兼權市舶司唐之問書

奉議郎簽書昭慶軍節度判官廳公事賜緋魚袋文勛篆額

資政殿學士太中大夫知杭州軍州事兼管内勸農使充兩浙西路兵馬鈐轄兼提舉本路兵馬巡檢公事輕車都尉河東郡開國侯食邑一千六百戶食實封壹百戶蒲宗孟立石

阮元兩浙金石志是碑舊在杭州西湖慧因院卽今之高麗寺也石工利其石移至越中今碑陰刻順治十年修紹興府學記又西湖集慶寺前亦有一碑半埋土中錢辛楣詹事語何夢華爲掘出之文與此同惟字體甚劣碑額又作正書不知當日何以刻此兩碑也勛銜簽書昭慶軍節度判官廳公事此避英宗諱改簽署爲簽書爾

按惠因院在錢塘之赤山吳越錢氏所建乾隆二十二年　南巡改　賜法雲寺額者也西湖高僧事略載淨源字伯長姓楊氏泉之晉江人蒲宗孟守杭尊其道奏以惠因易禪爲教命源居之咸淳臨安志云元豐八年高麗國王子僧統義天入貢因請從淨源法師學賢首教詔許之遂竟其學以歸元祐二年以金書晉譯華嚴四十卷唐則天時譯八十卷德宗朝譯四十卷共三部附海舟捨入院則已在作記後矣賢首宗教以唐僧杜順爲始祖智儼爲二祖法藏爲三祖澄觀爲四祖宗密爲五祖合以西土馬鳴龍樹一作龍勝二尊者是爲華嚴七祖杜順卽記所謂帝心智儼卽雲華法藏卽賢首澄觀卽清涼宗密卽定慧也章衡字子平浦城人後於紹聖元年來知越州蒲宗孟字傳正閬州新井人宋史俱有傳文勛字安國廬江人精於篆書蘇東坡爲作篆銘頗推重之

重修朱儲斗門記

碑高七尺四寸廣三尺八寸額隸書重修朱儲斗門之記八字四行徑五寸文三十五行行六十二字正書徑一寸

越州重修山陰縣朱儲斗門記

宣德郎知歙州休寧縣事邵權撰

河南府左軍巡判官充越州州學教授江嶼書并題蓋越之爲州右江而左海鏡湖巨浸環繞郊郭民居田畝園圃廬舍凡所以養生之具苟不在於崇山峻嶺則必出於廣川巨澤洲坻島嶼之上動出入息非舟艤莫濟民有自生長至耆艾不識陸事輔郭縣山陰會稽田切於水者三千一百頃有畸而膏腴在焉其自城抵湖自湖距海形勢高下遞若階級圖經言湖水高平疇丈許平疇又高丈許故水不常存然農事亦不常資乎水此蓄泄所以多斗門而朱儲之利特爲廣博肈興於唐貞元中皇甫政爲觀察使時而至於今屢作不廢也皇甫之蹟無所於考大抵當衆浦之會因兩山之間得地南北二十步兩端稍陷則鑿而通之植木爲柱衡木爲閘分爲八間其中石阜隆然則存而不鑿此其制蓋已可倘矣植牌則水時其啓閉焉然後二邑之田遠近高下泄之無不及之瀦蓄之無不沃之地吁可謂善矣自貞元迄唐踰五代至我宋景德歷歲百數十其間毀壞至不可用則築塘擁之用力勤而收功寡人以爲病山陰隱者趙万宗號跛鼈先生因知縣事段斐裒財於衆而興之斗門復建稍易以石民實賴焉嘉祐二年縣官有適當其弊者先是虞君元昱以發私財賑鄉曲之饑　詔授州助教與其鄉人

及浮屠元聳出力營治而斗門內外自闢之餘無所不用石矣上覆行閣中爲大亭於石阜之上有足觀者啓閉之悉歸有司於是乎始厥後斗門多居人閩商海船欲交易是邦者往往由浦而上閘苦潮微沙湧舟不達於近滸而非啓放之時則相與刓限剔閘盜泄之號曰洗浦自是稍失縣密斗門之用止利於泄而不利於閉旱暵仍歲矣元祐元年

內翰邵武黃公以龍圖閣學士出爲越州始至問民所病皆曰會稽十鄉苦瀕巨海而塘護不固人將爲魚朱儲斗門民食所繫而歲久不葺越明年春

公既爲發常平餘錢築塘捍海人競歌之謂得未曾有矣又爲度斗門所費會　朝散大夫嘉禾朱公来倅府事樂贊其謀於是進士虞叔聞而悅之曰是將無所俟公家之貲矣叔元昱之子也居欲纘襲父志故其於此能銳然率鄉里善士輸財協力而與道士翁懷辯躬任其責

公命縣主簿蕭君服董其事於是蠲日庀徒分八閘以前後其工防役時壅淤之暴其摹畫制度悉因前人之善者乃若因時損益則相地宜原物性而加之意閘底舊坫以石限地有不平則粉石爲灰以實其下水漱灰釋隨穴而漏今爲度地之形稍平易治則甓鍇之例覆石版而置限其上否則鑿地石爲渠而納限其中至夫閘搠之金岸甃之甓木之易蠹者易以難石之善潰者易以堅亭閣之旁垣墻而護之委八閘之一低其木爲每泄灌浦以爲商舶之利皆所

以救弊而圖安防侵而杜毀也　公具酒醴浮舟而勞之經始於三月辛酉訖五月之丙寅爲夫二千用錢五十萬爲日六十有六而告成焉郡人方德　公之賜而　公移舒州田父野老嘻吁而相謂曰斗門其成　公其去我矣咸願得　公再遊其上庶幾於　公風采得覘其詳以釋吾心　公從之州人乃相與繪　公之像生祠之咸願述其事而權適在越　朱公樂推　公美善因民情一日顧謂權記之夫先王定四民之業以均節天下相生養之道惟農爲勤其水旱之際畎畝之間有大利害焉欲興除之非得爲其長者惻怛而從之則常見其沮遏而難成賢侯善令欲興除農畝之利害非得其所部之人勸功樂事而克相之則多見其功實之不立至有謷然坐視曠數十世而人不獲其益者非一二也　公之爲州能同其憂樂適其避就昔所利者今必存其所害者今必去昔所有者今必具其所無者今必有非特於斗門見之一言語一禁令悉能當人人之心而無爈拒不協之態則　公之爲賢大矣權嘗獲從　公游故樂爲之書而聞越人之於　公有跂戀不足之意也復繫之詩焉其辭曰

越城言言　江海掖焉　湖湛一鏡　郊縈百川
渺渺巨浸　畇畇大田　越人衎衎　生長乎水

孰營其居　島嶼洲沚　孰致其行　舟艤是倚

農桑耕作　園囿種蓺　防旱決溢　曲爲之制

其制伊何　斗門是肆　有山曲阿　川谷萃止

以蓄以泄　以閉以啓　悅新而完　慍斁而圮

公之來斯　究爾民瘼　聆以是告　爰咨爰度

士有執功　官有護作　公之宴斯　泛泛其舟

載酒及羞　野饁于芃　以勞勸爾　匪遨匪遊

遹觀厥成　殖殖其砥　重門複衡　列植齒齒

門之闢斯　若薣若轟　虩虩巨震　可觀可驚

公曰咨爾　邦之農父　爾財既殫　爾利靡盡

善飭爾功　及爾孫子　啓閉以時　民食在此

咸拜曰俞　我公是若　勿愆勿忘　勿毁勿削

緊公之誠　實實其有　何以榮之　椿柏之茂

維公之德　正直是守　何以永之　喬松之壽

有渝金石　有寒暑易　頌公其昌　永矢弗熄

元祐三年四月望日承議郎知越州山陰縣事兼提舉鑑湖武騎尉丘述雄州防禦推官知縣丞莊柔正立石

趙琪刊

按宋史地理志越州轄郭縣會稽在山陰上記先山陰者以朱儲地屬縣境也朱儲斗門建於唐一修於景德間鄉人趙仲囦万宗爲之記其文不傳再修於嘉祐間大學士沈公儀紳爲之記文存而碑巳佚至是蓋三修矣万宗之名宋以來郡縣志俱作宗萬當依石刻爲正碑中貞字缺筆避仁宗諱也州教授江嶼署銜河南左軍巡判官山陰丞莊柔正署銜雄州防禦推官者攷宋史鄧洵武傳疏言神宗稽古建官既正省臺寺監之職而以寄祿階易空名矣今在選七階自兩使判官至主簿尉有帶知安州雲夢縣而爲河東幹當公事者有河中司錄參軍而監楚州鹽場者有瀛州軍事推官知大名府元城縣而充濮州教授者殽亂紛錯莫甚於此謂宜造爲新名因而制祿詔悉更之蓋至徽宗初始克正其名也郡守黄公名履字安中宋史有傳倅府朱公名鞏見臥龍山楊傑等題名通判朱鞏山陰知縣丘述縣丞莊柔正主簿蕭服乾隆府志嘉慶縣志俱未載○朱儲斗門即今之玉山斗門也說見宋徐次鐸復湖

議明嘉靖中知府湯公紹恩又於其北五里三江口建應宿閘而朱儲之啓閉遂廢於是呼爲老閘其村聚但稱曰斗門亦作陡亹不復以朱儲冠之萬歷志止載玉山陡亹閘而朱儲之名不見良由宋元以来習稱巳久耳乃乾隆志以今見有朱儲村去陡亹數里疑次鐸約略言之而以近代名存實廢之護家閘輒指爲唐以来之朱儲斗門謂宋嘉定間郡守趙彦倓復開所改夫元祐以前屢經修葺如此其重不應百年之間便爾湮塞且以地形論之曾子固鑑湖圖序曰朱儲斗門去湖最遠蓋由三江之上兩山之間疏爲二門水小溢則縱其一大溢則盡縱之使入於三江之口夫三江之口卽湯公建閘之地而朱儲在其上謂得非今之陡亹乎沈公儀朱儲石斗門記曰節二縣塘北之水東西距江百有十五里總一十五鄉溉田三千一百十九頃有奇夫是時湖尚未廢所溉田巳有此數其關於越中水利甚鉅謂得非今之陡亹乎或謂嘉泰志有玉山閘又有朱儲斗門顯爲兩地乾隆志從之不知此嘉泰志之誤也志分閘與斗門爲二類遂致一地而兩收故其下俱云唐觀察使皇甫政所建按唐書地理志獨言政建朱儲斗門史豈有舍其大而舉其細者乎然則今朱儲村何爲而名也曰自玉山之稱播於人口而朱儲之名晦自後人以護家閘爲朱儲閘遂因以呼其村而朱儲之地移執後世之地名以證古是禹貢之三江漢

書之冋浦七發之廣陵昔人皆有指爲越地者其説果可取信耶

章援等題名刻高一尺廣一尺四寸六行行五字正書徑一寸五分

□□章援陳

壽祺詹乂同

遊陽明洞觀

禹穴□辰元

□三年八月

九日德用題

按年于元號各渺一字哲宗元祐三年爲戊辰元符三年爲庚辰未知孰是德用余意爲詹乂之字取洪範乂用三德之語括蒼彙紀載乂字持國殆後來所改者歟乂緡雲人紹聖四年進士官至端明殿學士援章惇子

曹孝女碑碑高八尺五寸廣四尺四寸額篆書後漢會稽孝女之碑八字四行陽文徑五寸五分文十八行行三十字行書徑二寸碑末明人題字一行正書徑九分

後漢會稽上虞孝女曹娥碑

上虞縣令度尚字博平　弟子邯鄲淳字子禮撰　蔡邕題其碑陰云　黄絹幼婦

外孫虀臼

孝女曹娥者上虞曹盱之女也其先與周同祖末胄荒沉爰兹適居盱能撫節按歌婆娑樂神漢安二年五月時迎伍君逆濤而上爲水所淹不得其屍娥時年十四號慕思盱哀吟澤畔旬有七日遂自投江死經五日抱父屍出以漢安迄于永嘉青龍辛卯莫之有表度尚設祭誄之詞曰　伊唯孝女曄曄之姿偏其反而令色孔儀窈窕淑女巧笑倩兮宜其室家在洽之陽大禮未施嗟喪慈父彼蒼伊何無父孰怙訴神告哀赴江永號視死如歸是以眇然輕絶投入沙泥翩翩孝女載沉載浮或泊洲嶼或在中流或趍湍瀨或逐波濤千夫失聲悼痛萬餘觀者塡道雲集路衢泣淚掩涕驚動國都是以哀姜哭市杞崩城隅或有刻面引鏡剺耳用刀坐臺待水抱柱而燒於戲孝女德茂此儔何者大國防禮自脩豈况庶賤露屋草茅不扶自直不斲自雕越梁過宋比之有殊哀此貞厲千載不渝嗚呼哀哉銘曰

名勒金石　質之乾坤　歲數歷祀　立廟起墳　光于后土　顯昭夫人　生賤死貴

利之義門　何悵花落　飄零早分　葩艷窈窕　永世配神　若堯二女　爲湘夫人

時効髣髴　以昭後昆

宋元祐八年正月左朝請郎充龍圖閣待制知越州軍州事蔡卞重書

曹娥場大使河南孟津縣李恭命工刊補字畫覆以亭屋宣德九年六月壬子題

安世鳳墨林快事李北海曹娥真碑傳世甚少皆摹刻也此蔡卞於元祐間書頗得其神而精采勝之以其宋人弗貴也且石在越迄今尙爲完善此搨更早字更全尤覺奕奕射人豈孝女之神常在山川間有志爲書者則精英即附助之耶抑其地石佳而刻手工自昔已然耶

王世貞弇州四部稿蔡開府手腕極有力故行法多遒逸惜一二俗筆未盡去爾此碑尤可玩也

王澍虛舟題跋後漢書載曹娥事與碑略同而有微異碑云盱能撫節按歌婆娑樂神所謂婆娑者即撫節按歌之貌也而史云迎婆娑神則竟爲江神矣又不書其抱父屍以出夫孝之大至於感鬼神通生死乃爲眞至娥以十四齡女子號泣求父至十七日之久又經五日卒能抱父屍出與父同命此其孝思所感神人鑒之雖爲日已久遂終其志固其所也而闕而不書豈以其事與叔先雄正相類而雄之所處尤難故闕之乎然則度尙碑之有造於孝女者大矣

王昶金石萃編曹娥廟初屬上虞後改隸會稽紹興府志曹娥廟條下注云漢元嘉元年上

虞長度尙爲石碑屬魏朗作碑文久之未就時尙弟子邯鄲淳年二十聰明才贍而未知名乃令作之揮筆輒就下載碑文互校惟銘曰作亂曰爲不同朗至尙以示之朗大嘆服蔡邕聞之來觀値夜以手摸其文而讀之題曰黃絹幼婦外孫齏臼又曰三百年後碑當墮欲墮不墮遇王叵後魏武帝見之謂楊修曰解否曰已解曰卿未可言待我思之行三十里而喩乃令修解之修曰黃絹色絲也幼婦少女也外孫女之子也齏臼受辛也蓋曰絕妙好辭帝曰吾亦意此但有智無智較三十里此注大約本之會稽典錄而詳略不同後漢書曹娥傳注引會稽典錄上虞長度尙弟子邯鄲淳字子禮時甫弱冠有異才尙先使魏朗作曹娥碑文成未出會朗見尙尙與之飲宴而子禮方至督酒尙問朗碑文成未朗辭不才因試使子禮爲之操筆而成無所點定朗嗟歎不暇遂毀其草後蔡邕又題八字曰黃絹幼婦外孫齏臼然多可疑者水經注云上虞縣有曹娥碑縣令度尙使甥邯鄲子禮爲碑文以彰孝烈太平寰宇記亦同邯鄲淳爲度尙之甥而與言弟子者異邯鄲淳三國志魏書附見王粲傳注引魏略一條不言度尙之甥與弟子亦不言爲度尙撰碑文故其事無攷楊修後漢書附楊震傳不及黃絹幼婦云云又三國志魏書附見陳思王植傳注亦不詳黃絹語卽魏武帝紀亦未見魏朗見後漢書黨錮傳朗字少英會稽上虞人少爲縣吏兄爲鄉人所殺朗白日操刀報讎於縣中遂亡命到陳國從博士郤仲信學春秋圖緯又詣太學授五經京師長者李膺之徒多爭從之游辟司徒府累出爲河內太守復徵爲尙書著書數篇號魏子

亦未載其令長屬爲碑文之事又蔡邕傳但載其髡鉗徙朔方宥還本郡慮卒不免乃亡命江海遠跡吳會往來依太山羊氏積十二年在吳吳人有焦尾琴事注引張隲文士傳邕告吳人曰吾昔嘗經會稽高遷亭見屋椽竹可以爲笛取用果有異聲而亦不載到上虞題碑事以上諸書所載魏朗係上虞縣吏宜爲令長撰碑然不久亡命從人受經則其能文亦當在亡命以後既已亡命自不復到縣爲令長撰文蔡邕在吳又到會稽宜乎可以題碑然傳與注俱無明文其他之無因者更無論矣攷邕之亡命吳會在光和二年下距獻帝之世魏武與楊修解幼婦之時約三十年揆之于理碑在越魏武在洛其文何由得經魏武之目且邕之亡命上距元嘉元年亦約三十年若如府志注文并据後漢書李賢注所云蔡邕夜闇手摸其文題字之語竟似碑文書刻甫就邕聞而乘夜來觀以手摸文而讀之因題八字况讀文尚用手摸安能題字此理之顯然者其罔如此府志絕不加辨證何耶邕生平從未嘗作隱語且文辭與辤受自是二義邕既工書辨之必審未可權宜而通用也說文辛部既有辤字云不受也又有辭字云理辜也邕何必借辤爲辭字種種疑義從未經人論及因詳識之以質諸博識者

阮元兩浙金石志曹娥碑右軍小楷書唐李北海曾以行體書之世無傳本此蔡卞重書應

從北海原刻而出宋時猶及見眞本蔡卞書米元章嘗稱之此刻桀驁自喜而時露波磔王元美所謂有書筆無書意多參已意者要之不可以人廢也碑經明季重刻故末行有李恭題字春生按此碑拓本末行向多模糊僅辨上截數字余命工精搨得其全文始知明人間加搜剔故字畫精采稍損非重刻也

按水經注云娥哀父屍不得乃號踊江介因解衣投水祝曰若値父屍衣當沈若不値衣當浮裁落便沈娥遂於沈處赴水而死此事碑未敍入至後漢書稱度尙改葬立碑不言有廟嘉泰志亦不詳建廟之始但子禮銘詞明曰立廟起墳唐章孝標亦有曹娥廟詩則自漢迄唐廟食已久特朝廷未加尊崇故名不顯爾廟舊額曰貞孝後以避宋仁宗諱但呼曰曹娥廟至神宗熙寧十年列祀典徽宗大觀四年始封靈孝夫人政和五年加昭順二字理宗淳祐六年加純懿二字元順帝至元五年加慧感二字　國朝嘉慶十三年復加福應二字封爲福應靈孝昭順純懿慧感夫人度尙山陽湖陸人後漢書有傳邯鄲淳潁川人魏志注云一名竺字子叔蔡卞字元度宋史與兄京同列姦臣傳碑中永嘉當作元嘉蓋一時筆誤又上虞漢時設長今書縣令亦失考

大悲成道傳碑高七尺二寸廣四尺一寸額存楷書悲之傳三字橫列徑九寸五分文三十五行行六十二三字不等行書徑一寸

前闕臣既至妙善聽命卽謂尼衆汝等速避吾當受誅妙善乃出就死將嬰刃次龍山山神知妙

善大權菩薩將證道果救度衆生無道父王誤將斬首以神通力天□□冥暴風雷電攝取妙
善置於山下使臣既失妙善所在馳奔奏王王復驚怒驅五百軍盡斬尼衆悉焚舍宇夫人王
族莫不慟哭謂女已死欲救無及王謂夫人曰□勿哀哭此少女者非我眷屬當是魔怪來生
我家朕得除去妖魔甚可爲喜妙善既以神力攝至龍山之下環視無人即徐步登山忽聞腥
穢又念山林幽寂安有□氣山神化爲老人見妙善曰仁者欲往何所妙善曰我欲入此山脩
道老人曰此山之中乃鱗介羽毛所居非仁者脩行之地妙善曰此名何山曰龍山也龍居此
山故以名之此去西嶺若何曰亦龍所居是故謂之小龍山惟二山之中有一小嶺號曰香山
此處清淨乃仁者脩行之地妙善曰汝是何人指吾居處老人曰弟子□人也乃此山神仁者
將證道果弟子誓當守護言訖不見妙善乃入香山登頂四望閴無人蹤即自念言此處是吾
化緣之地故就山頂葺宇脩行草衣木食人莫□知已三年矣爾時父王以是罪業故感迦摩
羅疾徧於膚體寢息無安竭國妙醫不能救療夫人王族夙夜憂念一日有異僧立於内前曰
吾有神方可療王病左□聞語急以奏王王聞召僧入内僧奏貧道有藥救王疾病王曰汝有
何藥可治吾病僧曰貧道有方應用兩種大藥王曰如何僧曰用無嗔人手眼可成此藥王曰
□毋戲論取人手眼寧不嗔乎僧曰王國有之王曰今在何處僧曰王國西南有山號曰香山

山頂有仙人脩行功著人無知者此人無嗔王曰如何可得其手眼僧囗它人莫求惟王可得此仙人者過去與王有大因緣得其手眼王之此疾立愈無疑王聞之乃焚香禱告曰朕之大病果獲痊平願此仙人施我手眼無所吝惜禱囗即令使臣持香入山使臣至巳見茅庵中有一仙人身相端嚴趺坐而坐即焚妙香宣王勅命曰國王爲患迦摩羅疾及今三年竭國神醫妙藥莫能治者有僧進方用無嗔人手眼乃可成藥今者竊聞仙人脩行功著諒必無嗔敢告仙人求乞手眼救王之病使臣再拜妙善思念我之父王不敬三寶毁滅佛法焚燒刹宇誅斬尼衆招此疾報吾將手眼以救王厄既發念已謂使臣曰汝之國王膺此惡疾當是不信三寶所致吾將手眼以充王藥惟願藥病相應除王惡疾王當發心歸向三寶乃得痊愈言訖以刀自抉兩眼復令使臣斷其兩手爾時徧山震動虚空有聲贊曰希有希有能救衆生行此世間難行之事使臣大怖仙人曰勿怖勿怖持我手眼還報於王記吾所言使臣受之還以奏王王得手眼深生慙愧令僧合藥王乃服之未及旬日王病悉愈王及夫人戚里臣庶下逮國人皆生歡喜王乃召僧供養謝曰朕之大病非師莫救僧曰非貧道之力王無仙人手眼安得愈乎王當入山供謝仙人言訖不見王大驚合掌曰朕之薄緣乃感聖僧來救遂勅左右朕以翼日往詣香山供謝仙人明日王與夫人二女宫族嚴駕出城來入香山至仙人庵所廣陳妙供王

焚香致謝曰朕嬰此惡疾非仙人手眼難以痊除故朕今日親攜骨肉來詣山中供謝仙人王與夫人宮嬪皆前瞻覩仙人無有手眼悉生哀念以仙人身不完具由王所致夫人審問瞻相謂王曰觀仙人形相頗類我女言訖不覺哽噎涕淚悲泣仙人忽言曰阿母夫人勿憶妙善我身是也父王惡疾兒奉手眼上報王恩王與夫人聞是語已抱持大哭哀動天地曰朕之無道乃令我女手眼不全受茲痛楚朕將以舌舐兒兩眼續兒兩手願天地神靈令兒枯眼重生斷臂復完王發願已口未至眼忽失妙善所在爾時天地震動光明照耀祥雲周覆天樂發響乃見千手千眼大悲觀音身相端嚴光明晃耀巍巍堂堂如星中月王與夫人宮嬪覩菩薩形相舉身自撲撫膺號慟揚聲懺悔弟子肉眼不識聖人惡業障心願垂救護以免前愆弟子從今以往迴向三寶重興佛刹願菩薩慈悲還復本體令我供養須臾仙人復還本身手眼完具趺坐合掌儼然而化如入禪定王與夫人焚香發願弟子供辦香薪闍維聖體還宮造塔永永供養王發願已乃以種種淨香圍繞靈軀投火燃之香薪已盡靈軀屹然舉之不動王又發願必是菩薩不肯離於此地欲令一切衆生見聞供養如是言已與夫人舁之卽時輕舉王乃恭置寶龕內菩薩眞身外營寶塔莊嚴葬于山頂庵基之下與宮眷在山守護晝夜不寢久乃歸國重建梵宇增度僧尼敬奉三寶出內庫財於香山建塔十三層以覆菩薩眞身弟子蒙師問及

菩薩靈蹤略述大指若夫菩薩微密應化非弟子所知律師□問香山寶塔今復如何天神曰塔久已廢今但止浮屠而已人罕知者聖人示跡興廢有時後三百年當重興耳律師聞已合掌贊曰觀音大士神力如是非菩薩□願廣大莫能顯其跡非彼土衆生緣熟不能感其應巍巍乎功德無量不可得而思議哉命弟子義常誌之實聖曆二年仲夏十五日也

贊曰香山千手千眼大悲菩薩乃觀音化身異哉元符二年仲冬晦日余出守汝州而香山實在境內住持沙門懷晝訪予語及菩薩因緣已而持一編書□且言此月之吉有比丘入山風皃甚古三衣藍縷問之云居於長安終南山聞香山有大悲菩薩故來瞻禮乃延館之是夕僧遶塔行道達旦已乃造方丈□書曰貧道昔在南山靈感寺古屋經堆中得一卷書題曰香山大悲成道傳乃終南宣律師所聞天神之語敘菩薩應化之跡藏之積年晚聞京西汝州香山即菩薩成道之地故跋涉而來冀獲瞻禮果有靈蹤在焉遂出傳示晝晝自念住持於此久矣欲求其傳而未之得今是僧實攜以來豈非緣契遂錄傳之□日既暮僧輒告去固留不止遂行晝曰日已夕矣彼僧何詣命追之莫知所止晝亦不知其凡耶聖耶因以其傳爲示予讀之本末甚詳但其語或俚俗豈□常者少文而失天神本語耶然至菩薩之言皆卓然奇特入理之極談予以菩薩之顯化香山若此而未

有傳比予至汝其書適出豈大悲付囑欲予譔著□遂爲論次刋滅俚辭采菩薩實語著于篇噫天神所謂後三百年重興者豈在是哉豈在是哉

元符三年歲次庚辰九月朔書

崇寧三年五月二日杭州天竺寺僧道育重立

朱炳男□

按是碑宋僧道育重刻在武林天竺者不知何時移至紹興右邊截去數行故傳文不全額題亦闕一大字傳爲唐釋道宣弟子義常所撰其作贊書石者不著名氏疑列銜右方併遭截去偶檢朱弁曲洧舊聞乃知爲蔣之奇守汝時作之奇字穎叔宜興人宋史有傳是傳朱氏譏其事與楞嚴及大悲觀音等經頗相函矢但年湮世遠傳聞異辭亦固其所至觀音成道之地當在西土與汝州香山何涉即香山左右明有大小龍山亦元和郡縣志則以劉累學擾龍遷於魯縣得名亦於觀音無與况傳載宣律師問天神香山寶塔存廢使在汝州道宣即未身履其境而巾錫往來不乏無庸詢及幽冥蔣氏非不學者乃踵襲舊聞不加辨證豈佞佛心殷明知荒誕而不敢斥言其非耶

賜辟廱詔

碑高一丈三尺廣五尺六寸額楷書皇帝賜辟廱詔六字二行徑五寸五分碑分二列上列詔十五行行二十一字正書徑一寸二分下列序銜名牒共二十九行行五

十字正書徑一寸一分州
職銜名二行正書徑九分

朕嘉在昔善天下之俗勸功樂事尊君親上莫不受成於學命鄉論秀比其德行而興其賢能
崇德黜惡人有成材逮至後世士失所養家殊俗異未之有革惟我
神考若稽先王建置校學罷黜詩賦訓釋六藝首善於京師矣朕追述
先志夙興夜寐罔敢墜失思與有德有造之士共承之遂詔所司推原
熙豐三舍之令播告之修誕彌率土郎國之郊作辟廱廢科舉以復里選之制非聖賢之書與
元祐術學悉禁毋習乃涓日之良臨辟廱視學延見多士縻以好爵朕心庶幾焉傳不云乎以善
養人者服天下朕之迪士至矣其丕應徯志以從上之欲則將一道德同風俗追成周之隆以
駿惠我
神考豈不韙歟付辟廱

四日

皇帝賜辟廱詔後序

承議郎試大司成兼　侍講武騎尉保寧縣開國男食邑三百戶賜紫金魚袋臣薛
昂奉

聖旨撰幷書

崇寧元年

上總覽庶政慨然欲大有爲將躋斯民咸底于道迺下　詔曰學校崇則德義著德義著則風俗醇其大興學舍于天下又　詔即國近郊建置辟廱匠臣抗圖

上曰古者學必祭先師茲聚四方士多且數千宜增殿像于前徙經閣于後布講序于四隅餘若爾規厥既得

旨則經營越三年工告成

車駕幸焉祗見　夫子于大成又　詔國子司業臣絪臣靜曰朕攄至懷親箸翰墨賜之璧水申勸無窮小大之臣下逮韋布鼓舞頌咏咸以覩所未嘗爲幸藏之層構勒之翠琰明年臣靜又請序其後

上命臣昂曰汝其爲之臣不獲辭乃拜手稽首言曰唐虞三代尙矣歷世既遠教法不存然上下之庠東西之序左右之學與夫東膠虞庠或在國或在郊又曰成均曰米廩曰瞽宗曰辟廱蓋皆設於王都者如此至於鄉遂則又各爲庠序學校嗚呼何其詳且至也秦漢而降治失本原禮樂化微師友道喪人才卑陋有媿成周蓋無足恠　於皇神考稽古御時闢太學建

三舍論選有法士變宿學而新美矣
皇帝陛下祖述憲章咸在
先帝收科舉於學校推三舍于四方肇立司成專遣膚使　燕見訓諭　載色載笑
叡意所屬可謂至矣於是時也士患不學不患無所於學人患不才不患無以成其才方策所
傳歎不可得於　今親見如出其時豈不盛歟然昔備成於積世　今掩迹于一時昔大
比於王畿　今賓興乎海寓非　天錫
聖上勇智照於理而不惑斷以義而必行則希世墜典豈易悉舉哉臣待罪從官以總領師儒
爲職誠不自揆仰
聖政之丕成慶多士之幸會忘其淺陋昧冒稱述姑以塞　明詔焉若夫
雲漢之章　河洛之畫顧豈筆舌所能形容彼目擊心諭得　法象焉則　無爲而成
其猶天地歟臣謹序
奉議郎試辟廱司業武騎尉臣何昌言
承議郎守國子司業兼同編修　國朝會要武騎尉賜緋魚袋臣强淵明
朝請郎守國子司業雲騎尉臣汪澥

奉議郎試辟廱司業臣余深

朝散郎試中書舍人雲騎尉賜紫金魚袋臣蔣靜

朝散郎試中書舍人飛騎尉賜紫金魚袋臣吳絪

司空尚書左僕射兼門下侍郎上柱國衛國公食邑六千八百戶食實封二千戶臣蔡

京　奉

勑題額

越州

准辟廱牒檢會崇寧三年十一月十六日　勑節文　車駕臨幸辟廱　親書

手詔下有司摸勒刋石頒賜諸路州學及契勘崇寧四年三月十六日　勑應諸州

學俟頒到　手詔許令立石　崇寧四年十二月二十日建

將仕郎充州學教授臣朱　登

從事郎充州學教授臣季　夔

奉議郎通判越州軍州管句學事兼管內勸農事借緋臣倪　直侯

承議郎充顯謨閣待　制知越州軍州事提舉本州學事兼管內勸農使充兩浙東路

兵馬鈐轄兼提舉本路兵馬巡檢公事武騎尉文水縣開國男食邑三百戶賜紫金魚

袋臣王　資深

阮元兩浙金石志徽宗御書詔筆細如髮全以瘦勁行之所謂瘦金體是也宋史徽宗本紀未及頒賜詔書當據此補之

按詔末祇四日二字不著年月攷宋史徽宗本紀幸辟廱在崇寧三年十一月甲戌乃月之十六日必先期降詔或卽十一月之四日歟本紀又載賜國子司業吳絪蔣靜四品服而薛昂後序作於四年故其時絪靜雖轉中書舍人而仍得列名也知州通判銜內增入主管學事亦三年八月庚子詔也昂杭州人宋史言其爲大司成寡學術士子有用史記西漢語輒黜之在哲宗時嘗請罷史學哲宗斥爲俗佞今徽宗處以司成之任亦可謂不知人矣（通判倪直侯乾隆府志誤脫侯字）

李公紀等題名（刻高四尺二寸廣二尺二寸左行三行行六七字不等正書徑六寸）

李公紀洪德循袁

子烈方子元大

觀戊子孟冬廿日

按公紀等三人名倈攷子元名會時知州事

方會題名刻高四尺七寸廣四尺二寸七行行八字行書徑五寸

子元中座進職

徽猷移鎮南海未行

因閱水戰約

季常學使

公紀騶使同探禹穴

大觀己丑季春庚戌

之進與焉

按嘉泰志方會大觀二年四月以朝請大夫充集賢院修撰知州事三年三月除徽猷閣待制知廣州與此合會莆田人熙寧進士宋史職官志提舉學事司掌一路州縣學政歲巡所部以察師儒之優劣生員之勤惰而專舉刺之事崇寧二年置又走馬承受諸路各一員無事歲一入奏有邊警則不時馳驛上聞大觀中詔許風聞言事此稱學使騶使者蓋即此二官也

越州新學碑 碑高六尺七寸廣三尺四寸額楷書越州新學之碑六字三行徑五寸文二十三行行四十七字行書徑一寸

越州新學碑

朝奉郎守尚書度支郎中知越州軍州事兼管內隄堰橋道勸農提點銀場兩浙東路屯駐

駐泊兵馬鈐轄護軍借紫張　伯玉　撰

治平元年夏四月丁卯越州新學成先時學舍近市隘囂靡寧厥居嘉祐中始於州之東南隅得爽塏地平衍高古敞然一方喬木渟水有泮林之象焉始作大殿直庠門巋然徙　夫子舊像南面顏兖公西嚮配坐東西兩廡圖畫七十二子洎二十有二先儒孟荀揚文中四子之像其東廡之後別爲祠堂齋宮一區藏鏞祭器益嚴緐殿後越敞庭夏屋言言環坐重席者可三四揭之曰公堂旦夕講勸歲時鄉射之宅也緐堂東西翼于庠門列爲齋舍甲乙以次各有名版學者居多益寧堂東學鼓之南書大榜條其篇目皆學中規爲之法也諸生服膺無譁望之肅如也庚辰守將伯玉率僚佐洎師儒宿于齋宮辛巳質明用牢醴將幣奉成于　先聖先師既徹遂升于公堂與祭者咸坐大約以鄉飲之節發成之于時州人故老堵立而歎曰偉哉學也我髫壯所未睹逮黃髮見之矣成是美俗世爲善良者其在茲乎於是庠賓充然而進曰維東南越爲大州今茲學又爲東南最始州將渤海刁侯擇地卜築基之矣會解去繼以紫微吳

興沈侯勇爲之僅完矣又易地于杭故遷之凡三年君侯至而成之夫能以近而致遠俾後而知今者莫如言昔者魯僖公叔世之諸侯也能興脩學宫國人頌之仲尼與之洋洋之聲到今不絶者言也君侯立唐虞之朝策名涖官所至以職學爲任宜乎爲我屬爲文詞刻于金石俾聲于無窮可也伯玉固辭曰惟是寡學不敏不敢賦且逾月不得免因覃思摭實作新學之詩凡四章一章十有六句言經始而成之也二章十有六句言來學之盛也三章十有七句叙學化之流行也四章十有二句志其悠久抑又禆之也其詞曰

芒芒禹迹越爲大區重山複川丕冒海隅浸被王澤惇古服儒服儒伊何新學鼎成邃殿高閣廣廡脩庭有翬其檐有覺其楹貌聖圖賢炳燿丹青歲時　國祠丕鑠　王靈夏屋長廊分厥攸居咸有區匭式安其徒其徒來學嚮若雲合執經而趨震鼓發篋躋于公堂師友攸攝禮樂是將詩書是業涵泳道眞剔翦紛雜俾我善教與時偕洽昔也學之未成惟君子是營今也告厥成惟庶民是聽父詔于子弟服于兄曰民之生倀倀冥冥好惡靡別惟學是明昔我嚚嚚今也和平昔我辯訟今也靡爭納于善良協于太寧緊學校是興稽山崔崔越水漣漪新學有奕君子所作惟大中是師惟大化是禆不黨不渝不蔽不欺俾民弗迷揭爲聲詩告于後人俾長世無斁思

政和元年十月望日將仕郎充州學教授陸　友諒　重立石

奉議郎監在城稅務張　勸　書

刊者董彥

按嘉泰志誤會碑文以碑所稱君侯爲指代伯玉之章伯鎭且云伯玉經理繕造亦有勞焉第落成不及其在官之日爾攷太守題名記伯玉以治平元年十二月徙知福州而碑明云元年四月告成得謂非在官之日乎若君侯之稱則伯玉敘述州人求已撰文之詞謂指章岷尤誤伯玉字公達建安人刁侯名約字景純潤州人沈侯名遘字文通錢唐人又按越學本吳監簿孜捨宅所爲今碑無一語及之何也或者監簿不欲有其名而伯玉遂不書以成其高歟嘉泰志以爲闕文非是此不當闕者也碑爲陸友諒重立則治平初似已勒石書者張勸字閎道永福人元符三年登第距伯玉撰文時已三十七年蓋亦重立時所書非從元碑摹刻者友諒海鹽人大觀三年進士

孔子小影幷贊 碑高六尺六寸廣三尺一寸分三列上列贊十三行行十字行書徑一寸中列左孔子像長一尺八寸右顏子像長一尺五寸下列跋二十四行行十二字正書徑七分

偉哉魏〻堂〻人中之龍

蓋千萬世凜然如生夫豈
劒佩之飾丹青之容唯其
變化亡窮在九天之上九
地之下將欲搏之又超忽
立乎其中雖顔氏之子力
窮於步武矧微生母叔孫
武叔彼么童於戲天不得
不高地不得不厚父子不
得不親君臣不得不尊人
物鬼神各由其道无是焉
將化爲禽狄賊亂者匪夫
人之功也耶毛友
昔鍾離意爲魯相出私錢修夫
子車身八廟拭劒履復發懸甕

丹書得其文曰後世護吾車拭
吾履發吾笥會稽鍾離意夫圖
讖之語未必聖人所作姑置不
問至其修崇闡發此亦聖人所
以望於後世也禹錫嘗憤儒家
者流反不若道釋之徒知奉其
宗士大夫畏慨福報應之說亦
或誦其書與呪厭之語且繪像
嚴事旦日瞻禮至吾　夫子往
往恬不加意甚哉人之好異倒
行逆施一至於此禹錫獨恨一
介寒素不能如子阿護車拭履
之事□得　夫子影堂遺像謹
刻于石用廣流布俾學者家置

一本庶幾仰　珠庭河目之口
永永誠肅以盡崇奉之萬一竊
惟　夫子之道大而能博與天
地相爲悠久不必記諸翰墨而
傳至若當世鉅公讚揚稱述似
不爲無補故以
内相毛公讚併刻之石云宣和
甲辰中秋日山陰姚禹錫謹書

山陰陳諒刻

按孔傳東家雜記云今家廟所藏畫像衣燕居服顔子從行者世謂之小影於聖像爲最眞世之所傳非小影畫像皆爲贋本今禹錫所摹其即最眞者歟毛友字達可西安人官至翰林學士浙江通志入循吏傳禹錫始末無攷然言儒家不若道釋之知奉其宗士大夫畏禍福報應之説亦誦其書繪像嚴事至吾夫子恬不加意云云蓋目擊徽宗崇奉異教臣下化之遂成風俗有慨而言也

吳梓題名刻高二尺四寸廣二尺一寸六行行七字正書徑三寸

建安吳梓才父拉

餘杭喻松子公吳

興許孝悊明叔海

陵周郝其得隆興

甲申清明日同遊

男然默燾侍行

按南宋初有吳棫字才老曾撰韻譜五卷武夷徐蕆序之稱與蕆同鄉里而其祖後居同

安則本貫亦建安矣梓疑即棫之兄弟行也

蓬萊閣熹平石經石八方俱高二尺七寸廣一尺二寸經十三段隸書徑一寸第六方下跋四行行二十字行書徑五分第七八兩方跋共二十三行行三十四字正書徑五分

其或迪自怨

之勞爾先予丕

能迪古我先后

與降丕永於戲今
建乃家　股

伊鴻水白陳其叉行亖
建用皇極次亠白艾用三德
潤下作鹹口上作苦曲直
民二白貨三白祀四白司亠
極凡厥庶民無有淫口人無
明人之有能有為使ソ其行
路毋偏毋黨王道蕩苴
爲天下王三德一白
家而凶口而國人
丂

道出于丕詳於戲君□白時我
六月隱

惟是褊心是以爲刺　葛屨
汾一曲言采其藚ラ其之子羊
誰知之蓋亦勿思　園有棘其
父兮父□白嗟予子行役尸
哉猶來□□　陟岵三章章
兮丕稼丕嗇胡取禾三百廛
特兮ラ君子兮丕素食兮　欲
食我黍三歲宦女

蟋蟀在堂歲聿其逝今我丕樂
句　山有蓲隰有榆子有衣

紹興縣志資料　第一輯　碑刻

酒食胡不日　喜樂

既見君子　易

東产

卒爵坐奠爵拜執

人皿洗廾媵觚于賓

上拜受爵于筵前

首公荅拜媵爵者亣

媵爵者執觶待

公

郊請反合

乚人君命聘于

善乎受上糸幣

賜使者幣使者

上豕坐亣如之

練冠从

□□□□

□□□牟□者何

忘公曰百姓安子諸侯

之辭也　醫者可公

耳道之以德

於我我對曰毋違樊迟□□

子夏問孝子曰色難有□□

人焉廋　子曰溫故□□□

婀斯害也已　子曰□□女

爲則民服孔子□曰□□□

書云孝于惟孝友于兄□□□

今殷禮所損益可知□

枉道而事人可□去父母之國　□景公待孔子曰若季氏子曰鳳兮凡兮亻而德之衰也

往□□可諫也來者猶可追也執車者為誰子子路曰為孔丘曰是魯孔丘與曰是是知津矣

若從避世之士哉耰而不輟子路以告子憮然曰鳥獸不可與同羣不入孰為夫子置其杖丁耘

子路拱而□止子路宿殺雞如之何其广之也欲絜其身而亂大倫君子之仕也行其義志辱

身矣言中倫行中慮其斯以乎謂虞仲夷佚隱居

陽擊磬襄入于海　周公謂魯公曰君子不施其親

不蔽簡在帝心朕躬有罪毋以萬方萬亠有罒在朕躬

帝心爲所重民食亠　寬則日眾敏則有功ノ則說

不驕威而不猛ㄚ　曰何謂惠而不貝子曰□民之

寸尊其瞻視儼　而畏之斯不亠威而不猛乛

令芇藩之内盡毛包周無疒

長廿

詔書與博士臣左立郎

右漢石經殘本共十三方分勒六石乾隆壬子仲夏會稽大守李曉園先生摹置郡庠以復蓬萊舊事長洲陳杖時與桐城姚秋槎金匱徐閬齋錢梅溪崑山朱九楡同觀於郡齋之照春堂因識

案後漢書靈帝紀熹平四年三月詔諸儒正五經文字刻石立於太學門外蔡邕傳云邕以經籍去聖久遠文學多謬俗儒穿鑿疑誤後學乃與堂谿典楊賜馬日磾張訓韓說單颺等奏求正定六經文字靈帝許之邕乃自書丹於碑使工鐫刻於是後儒晚學咸取正焉其後雖屢經喪亂猶未大壞後魏馮熙常伯夫相繼爲洛州刺史毁取以建浮屠精舍大致頹落所存者委於榛莽道俗隨意取之侍中領國子祭酒崔光請遣官守視命國子博士李郁等補其殘缺事寢不行齊神武執政自洛陽徙於鄴都行至河陽値岸圮遂沒於水其得至鄴者不盈大半後

周伐齊毀以爲礎石周宣帝復自鄴城徙洛陽隋開皇六年自洛陽載入長安置於秘書內省議欲補緝立之國學屬隋亂事又寢營造之司因用爲柱礎唐貞觀初魏徵始收聚之什不存一其相承傳搨之本猶在秘府此石經之存毀見於魏書北齊書周書隋書者如此廣川書跋云唐造防秋館時穿地多得石經故洛中人士逯今有之此蓋出之唐時者又云國初開地唐御史府得石經十餘石此又唐末淪沒出之宋初者也東觀餘論云漢石經在洛宮前御史臺中年久摧散洛中好事者時時得之張燾龍圖家有十版張氏壻家有五六版王晉玉家有小塊此宋初所出後復摧散者也晝墁錄云嘉祐末得石經二段於洛陽城乃蔡邕隸書邵氏聞見後錄云近年洛陽張氏發地得石十數漢蔡伯喈隸尚書禮記論語俱已缺壞此又在御史府十餘石之外者也宋乾道二年洪文惠公适出知紹興嘗以所有尚書魯詩儀禮公羊論語合二千一百餘字重橅於州治蓬萊閣至元時已毀不存

本朝順治初北平孫退谷藏有尚書論語百餘字後歸錢唐黄小松司馬家余從而摹得之又得金匱錢氏所藏雙鉤尚書魯詩儀禮公羊論語幷盍毛包周有無不同之說及博士左立姓名五百餘字說者以爲卽蓬萊閣本也余蒐輯郡志考及金石既以秦頌德碑橅於郡學又取黄錢兩家所藏本幷勒之以諗博識君子秦漢諸刻存者日少雖斷碣殘碑尚足寶貴況石經

爲漢儒所手定足以是正聖經不更可寶耶余雖不敢望文惠諸賢而拾殘修廢之志則同也

乾隆五十七年六月朔日知紹興府事鐵嶺李亨特題記

洪适隸釋石經之散亡久矣本朝一統時遺經斷石藏於好事之家猶崑山片玉已不多見今京華鞠爲氈罽之鄉殘碑日益鮮矣予既集隸釋因以所有鑱之會稽蓬萊閣

按此刻與翁氏兩漢金石記大約相同以同出黃錢二家也然翁氏以與隸釋所載間有增多及不合者疑非蓬萊閣本要之諸家轉展鉤摹不無傅會即如錢本兩浙金石志頗疑其僞謂隸釋魯詩殘碑父兮父父下注云缺一字乃錢氏於此直接曰字後重刻於紹興府學者又增一缺字以意加減前後不符尙書多方道出於不詳道是逌字之誤逌終也故孔作終此今古文異字宋本隸釋此字作逌筆畫微損重刻隸釋者誤認爲道字而錢本亦仍其謬近見宋槧劉球隸韻所列石經凡一百七十七字嘗逐一核之如尙書洪範鹹字錢本缺四小點論語爲政端字錢本中間多摹一竪其餘筆畫增損處更不可勝計蓋彼但據近時所刻隸釋抄集成文非眞有舊本也云云予檢此刻俱如其說今姑存之以留文惠遺蹟於萬一爾

紹興府脩學記

碑高八尺七寸廣四尺五寸額隸書紹興府脩學記六字二行徑六寸記二十行行三十九字正書徑一寸五分

八卦有畫三墳有書經之原也典教有官養老有庠學之始也歷世雖遠未之或異不幸自周季以來世衰道微俗流而不返士散而無統亂於楊墨賊於申韓大壞於釋老爛漫橫流不可收拾始有重編絫簡棲㠯臣輪象龍寓人飾黃金珂辟恠珍之物誘駭愚稚而六經寖微穹閣傑屋上摩霄漢黝堊髹丹窮極工技其費以億万計而學校弗治自周衰至五代幾二千歲而後我

宋誕受天命崇經立學以爲治本

十二聖一心罔或怠忽然竊嘗考之方周盛時天子所都既竝建四代之學而又黨有庠遂有序畿內六鄉鄉有黨百五十六遂遂有鄙如黨之數遂序黨庠蓋互見之則是千里之內爲序十有二爲庠三百何其盛也今畿內之郡皆僅有一學較於周不及百之二而又不治則爲之牧守者得無任是責耶會稽拱

行在所爲東諸侯之冠宜有以宣

聖化倡郡國而學亦未稱　給事中栝蒼王公信來爲是邦政成令行民物和樂臺榭弗崇陂池弗廣而惟學校是先燕遊弗親廚傳弗飾而惟養士是急下車未久輿殿崇閎邃宇脩廊講說之堂絃誦之舍㠯葺㠯增不日訖事以其贅殖未足也則爲之售常平之田以

其見聞未廣也則爲之求四方之書食有餘積書罕未見然公猶以爲慊曰上丁之禮服器未復古也又爲之新冕弁衣裳帶紳佩舄之屬自邦侯至諸生各以其所宜服鼎俎尊彝豆籩簠簋之屬自始奠至受胙各以其所宜用無一不如禮式公迺齋心脩容來宿亐次質明陟降揖遜進退跪起俯首屏氣如懼弗克禮成士僉曰公以躬行先我我處于鄉弗篤於孝悌忠信出而仕弗勉於廉淸正直不獨不可見公仰天俯地其何心見父兄長老其何辭教授陳君自強與諸生以其言來告曰願有紀游老病不獲奉俎以從公後喜士之能承公化也於是乎書紹熙二年九月癸酉中奉大夫提舉建寧府武夷山沖佑觀陸游記朝請大夫主管建寧府武夷山沖佑觀詹騤書幷隸額

縉雲劉尹刋

阮元兩浙金石志按陸文中有老病語則其時巳致仕家居本傳僅載紹熙元年遷禮部郎兼實錄檢討官下云嘉泰二年以孝宗光宗兩朝實錄及三朝史未就詔游權同修國史實錄院同修撰蓋自奉祠致仕閱十二載而後應修史之召也傳於禮部郎以後不書致仕及奉祠事是其闕略（春生按放翁初次致仕在慶元五年是時雖奉祠實未嘗致仕也）詹騤系銜主管沖佑觀此避思陵嫌名改管勾爲主管也職官志有建州武夷觀據此則又稱沖佑矣

按教授陳自强卽韓侂胄之師也史載自强慶元二年入都不四年登政府其爲紹興教授不書詹騤字晉卿會稽人淳熙二年進士第一官至龍圖閣學士是碑撰書人皆鄉先生而字畫秀勁與放翁記足稱二美且無一殘蝕處可寶也

紹興府進士題名一

碑高七尺八寸廣三尺九寸額隸書紹興府進士題名一八字四行徑七寸碑分五列第一列記共四十一行行三十字行書徑七分下四列題名每列二十四行正書徑九分

晉史謂會稽有佳山水名士多居之王羲之晚渡浙江遂有終焉之志顧愷之謂千巖萬壑競秀爭流而一時人物如孫綽李充賀循許詢輩皆文藝冠世說友幼讀史長而從仕謂今會稽實拱　行闕仕而有職于東蓋無難者亦庶幾見所謂以山水名天下與人物風流之盛者乎而宦海萍遊迄三十年而志弗遂淳熙十六年春始得辱乘傳典倉事於是登秦望探禹穴識其委蛇盤礴之觀而得其溫厚粹美之氣蓋其鍾靈孕秀雲行川流肧胎醞釀發而爲英傑宜有獨盛於斯世者　國朝崇儒右文賑古爲重而東南儒風宏楙盛美會稽爲最焉杜祁公以道德文章功業行實克相　昭陵德在生民勳在史册足以儀萬世而垂後學如李公光入參大政孫公沔晉貳樞莞顧公臨典制北門陳公揚庭執法中司傅公墨卿正位常伯陸公佃石公景略皆以文學冠春官夏公噩齊公唐皆以賢良應大科傅公崧卿以文藝魁舍選儒學

之秀頡頏上下此非騫翔奮厲之所藴而雄深秀麗之所鍾耶建炎初　六飛渡江嘗駐蹕于越而越今爲　陪都蓋古三輔也山川之所形見風化之所漸被其儒風士業流聞彰布益以昌大要非餘郡可比王公佐詹公騤相望二十餘年之閒皆以大策冠多士王公俊石公延慶莫公叔光皆以進士中宏博石公公轍以奏恩擢魁名而三歲大比賜第于太常者率十餘人其連取世科伯仲聯第者又閒見層出人物之茂實爲衣冠盛事其亦有以權輿於此哉郡之前進士石朝英陸洋張澤闔辭以告說友曰越之山川則有郡之圖志在越之名卿才大夫則有　國之信史在若無俟於登載者然鄉之宗老則懼晚學之未聞也人寖遠而寖忘事愈久而愈墜其不沒前人之事者幾希朝英等將以郡之進士列名于石且請于　府帥閣學尚書王公頒飭工鑱石寘諸郡庠之講堂於以示勸激之意然非文不傳也敢以請說友幸以將指來越而楚實有材又所身見而目識者其何可辭則與之言曰夫讀古人之書肄當世之業豈直取科級釣爵位以夸榮侈盛於鄉曲哉其致君澤民行道及物實自讀書肄業始漢世設科射策勸以官祿史氏譏之韋氏教子一經志於青紫後世貶焉士之學固有遠者大者今

天子龍飛御天適當興賢之歲越之士將企前慕昔以接踵賢躡而振袂流風者其盍思所以遠者大者乎雖然越有君子六千人昔人謂其有志行猶齊之士吳之賢良也嗚呼千載之後

其必有仍盛美於前人者說友猶拭目以觀之題名起於慶厤二年前乎此者攷諸登科記則鄉里多不載故不書而杜祁公則大中祥符元年甲科四名進士蓋可攷云是年十一月望日朝議大夫權兩浙西路提點刑獄公事袁說友記幷隸額

題名舊刻始於慶厤用登科記修也前此記不詳其鄉里故雖祁公亦不復書闕所不知是固未害然祁公不書何以寓高山景行之瞻教授劉君庶請于府帥待制侍郎單公夔礲舊石而增修之訪遺逸於邦之長者得陸公軫以下凡七人遂列祁公於其首自建隆開國距慶厤餘八十年其閒策名多矣未易攷也仍存闕疑之義自慶厤至今百五十餘歲登載日益盛今年

上以孝廟故未親策多士而莫君子純實爲南宮第一三魁相望於四十餘年之閒是碑重修其風遠矣介既爲書舊記於碑首復叙大略以輔敎事慶元丙辰臘月既望承議郎添差權通判紹興軍府兼管內勸農事王介書

大中祥符元年姚曄牓

杜衍 相第四八

大中祥符五年徐奭牓

陸軫　　傅營

大中祥符八年蔡齊牓

齊今上御名同音　王絲

天禧三年王整牓

孫沔　　傅瑩

天聖八年王拱辰牓

齊唐今上御名同音弟

寶元元年呂溱牓

沈紳　　褚理

慶厤二年楊寘牓

朱奎　　茹約

石衍之　　徐紘

慶厤六年賈黯牓

何玠　朱琮　梁佐

陳惟湜

皇祐元年馮京牓

關杞　任秉　關希聲

王醇　石麟之　馮滋

余叔良　胡穆　楊度

王霽　朱方

皇祐五年鄭獬牓

姚甫　韓希文　應瑜

張琦　李燮

是年賜九經出身

顧臨內翰林學士

嘉祐二年章衡牓

章蒙　余京　褚理珵弟

傅傳正　王淵　石景淵象之子

唐高宗廟諱同音　石深之衍之弟　夏噩

是年材識兼茂明於體用科

夏噩

嘉祐四年劉煇牓

姚勔中書舍人　關景仁

嘉祐六年王俊民牓

錢嵊　顧沂　馮豫

褚珪理□　張壽

嘉祐八年許將牓

褚唐輔　關景暉景仁弟　張濟

治平二年彭汝礪牓

王長彥　余弼

治平四年許安世牓

黃兑　梁興

熙寧三年葉祖洽牓

陸佃 第三人省元 軫孫 （左丞）　陳紘

熙寧六年余中牓

石景略 別院省元 深之子　沈箋　王容 淵子

陸傳 佃弟　韓羽　石景衡 衍之子

關澥　鍾昇

熙寧九年徐鐸牓

張祖良　黃彦　虞昆

元豐二年時彦牓

詹默　華鎮　石景術 衍之子

元豐五年黃裳牓

沈兖　徐充　戚儀

詹京　蔡繪　黃詔

石景衎 衎之子
是年明經
朱戩
元豐八年焦蹈牓
張叡　丁希說　傅勉
虞賓　梁高宗廟諱　佐孫佐孫
元祐三年李常寧牓
朱興宗　陳穀
元祐六年馬涓牓
石公輔賜名公弼衎之孫兵部尚書　黄特　陳兟兟兄
朱卬　唐翊高宗廟諱同音子　馮谷
紹聖元年畢漸牓
求移忠　梁休泰
紹聖四年何昌言牓

虞寅賓弟　虞大猷　陳揚庭賜名過庭競姪（中書侍郎）

姚舜明

元符三年李釜牓

石端中　黄日新　盛旦

錢克忠　黄無慝

崇寧二年霍端友牓

徐公佐　求元忠　陳濤

唐竦高宗廟諱同音子　石彥和景略子　姚斐忱

方喆

崇寧五年蔡薿牓

石端誠　李光（傳）　郁藻

潘彬

大觀三年賈安宅牓

臧言　王上輔　華初平鎮子

褚唐舉 理子　王俊 兼中詞科　石公恕

孫寶著　張宇發 別院省元 祖良子 待制

黃通

政和二年莫儔牓

張公彥　石公揆 景術子 侍御史　翁彥約

朱常　郭亢　高 欽宗廟諱

政和五年何㮚牓

傅崧卿 上舍魁 給事中　錢唐休　王致柔

王真卿　杜師文　葉汝平

張翩　韓溉 羽子　陸長民 軫曾孫

會稽李仁刻

阮元兩浙金石志新修府志於熙寧六年失錄石景略元豐二年失錄詹默石景術政和二年失錄翁彥約又熙寧三年陳皝誤作誂元符三年石端中誤作端平崇寧五年郁藻誤作蔘又皇祐五年失錄賜九經出身顧臨嘉祐二年失錄材識兼茂明於體用科夏噩元豐五

年失錄明經朱戩

按袁說友字起巖建安人嘉泰中官至參知政事王介字元石金華人宋史有傳碑書今上御名同音者齊廓也高宗廟諱同音者唐㲄也高宗廟諱者梁遘也欽宗廟諱者高桓也寶慶續志云會稽進士題名慶元二年按當作淳熙十六年此誤以王介立石之歲爲袁說友作記之年不知介跋中固云礲舊石而增修也乾隆府志竟作慶元二年袁說友記則誤更甚矣里人石朝英等始裒輯請於郡刻石於貢院斷自慶歷六年按袁記作二年此誤蓋六年以前登科記皆闕其鄉里故不可攷而獨載大中祥符元年杜衍一人按此乃郡守王希呂提刑袁說友初立之石後來郡文學掾劉庶復訪遺逸於里之耆舊又得陸軫以下凡七人按王介跋云七人而題名碑自陸軫至褚𤩽凡得九人其傅營傅瑩二人題名筆意與上下不類則二人當係後來補刻此即通判王介重書之石予稽之國史質之傳記則姓名可攷者殆不止是如錢昆與弟易皆擢第而易實咸平二年孫暨榜第二人又與二子彥遠明逸俱中制科石君乃里人何未之攷也予於錢氏四人之外又得剡中史綸及子叔軻姪安民并宏詞王俁等又十餘人按王俁等題名碑但云兼中詞科續志補載第一碑王俁中宣和元年詞學兼茂科第二碑石延慶中紹興五年博學宏詞科許蒼舒中乾通五年博學宏詞科莫叔光中淳熙八年博學宏詞科石刻非但疎略其間姓名錯互者尤多如大中祥符五年榜陸軫居傅營之前天禧五年榜孫沔居傅瑩之前政和八年榜孫鼎居姚景梁之前今悉是正之按以上皆寶慶志文春生又攷宋史家祁公傳皇祐二年

賜一子同進士出身高似孫剡錄進士題名皇祐五年榜有茹開石刻與續志俱未載今並列於後以補碑闕若明人修志所補者恐採訪之誤收或家牒之傅會故不復登　淳化二年孫何牓錢昆　咸平二年孫暨牓錢易第二人昆弟兼中景德三年賢良方正能直言極諫科　天聖五年王堯臣牓史綸　景祐元年張唐卿牓史叔軻綸子　寶元元年牓錢彥遠易子兼中慶歷六年賢良方正能直言極諫科　慶歷二年才識兼茂明於體用科錢明逸易子　皇祐二年賜同進士出身杜訢衍子　皇祐五年牓茹開　熙寧九年牓史安民綸姪

紹興府進士題名二碑高七尺八寸廣三尺八寸額隸書紹興府進士題名二八字四行徑七寸碑分六列每列二十四行正書徑九分

政和八年嘉王牓

諸葛行敏　黃韶中通子　孫鼎

姚景燊　陳橐穀子刑部侍郎　錢唐俊唐休弟

宣和三年何煥牓

粱仲敏高宗廟諱子諫議大夫　石嗣慶象之曾孫　王賓

黃唐傑　陳陞　王休俊兄

桂章　孫彥材

宣和四年　賜同進士出身

傅墨卿（傳正子禮部尚書）

宣和六年沈晦牓

諸葛行言　胡尙智　謝作

建炎二年李易牓

唐闓（高宗廟諱同音）孫　梁仲寬（高宗廟諱）子　詹彥若（默子）

陳炳　孫適

紹興二年張九成牓

黃嘉禮　葉蕃　杜師旦

石襲慶（改名延慶嗣慶弟兼中詞科）　吳康年　石公轍（特奏狀元公弼弟）

紹興五年汪應辰牓

李孟博（第三人光子）　胡沂（第四人吏部尚書）　虞仲琳（寅姪）

石師能（象之孫）　王俊彥　王賓

馮羽儀（谷子）　虞仲瑶（賓子）　馮耀卿

茅宦

紹興八年黃公度牓

繆渥

紹興十二年陳誠之牓

張攄歸姓馮　馬佐　詹承家京孫

唐閱翊子起居舍人　詹林宗承家弟　徐几

傅世修　錢移哲　葉汝士汝平弟

紹興十五年劉章牓

傅晞儉　黃昇　茹紹庭

梁仲廣高宗廟諱子　吳公輔　張之綱

石太上御名同音

紹興十八年

王佐狀元俊彥子戶部尚書　張顗　陸升之長民子

高選　陸光之長民子　周汝士

詹亢宗林宗兄　沈壽康　茹驤
紹興二十一年趙逵牓
唐準翊孫　孫大中
紹興二十四年張孝祥牓
虞時中仲瑤子　黃開　黃閌開弟
黃閣閌弟　石邦彥　王公袞俊彥子
貝欽世　茅寵　趙粹中吏部侍郎弟大猷同榜
紹興二十七年王十朋牓
周汝能　許從龍　姚筠
孫安國遹子
紹興三十年梁克家牓
馮時敏羽儀子　姚廷袞　顧宣
黃閘閣弟
紹興三十二年賜進士出身

陸游佃孫待制

隆興元年木待問牓

王逨　李唐卿　魏中復

石斗文　黄度兵部尚書　莫叔光兼中詞科吏部侍郎

俞亨宗　許蒼舒兼中詞科　丁松年

乾道二年蕭國梁牓

王日永致柔子　邢世材　虞汝翼賓曾孫

張澤兵部尚書　傅頤　王正之

楊寅　張宗仲　王厚之

杜溺

乾道五年鄭僑牓

陸洙　曾槩　王誠之正之兄

黄誾別院省元聞兄　王訢兼中刑法

乾道八年黄定牓

石宗昭公揆孫　許開蒼舒姪　高宗商

任惟寅　張拱辰宗仲姪　錢滐唐俊子

卜芸　張亨辰拱辰弟　梁文

是年八月賜同進士出身

姚憲舜明之

淳熙二年

詹騤狀元林宗子　桂森　孫應時

方秉文　盛勛　李友直

周之綱　唐錡　石朝英

淳熙五年姚穎牓

徐邦傑　貝龔慶欽世子　唐灌準弟

厲居正　朱元之　倘朴

陳杞兼中刑法

淳熙八年黃由牓

諸葛千能　姚廷昂廷袞兄　魏挺中復姪
朱元龜　陸子愚長民孫　葉恢汝士子
梁汝明　宋駒
淳熙十一年衞涇牓
施累　黄邁度子　虞時忱時中弟
吳芸　董之奇　陸洋
白公焯　陶廷俊　姚一謙廷昂弟
淳熙十四年王容牓
石宗萬宗昭弟兵部侍郎　周之瑞汝能姪　黄克仁詔曾孫
應燮　郭綽　徐三畏
杜思恭
紹熙元年余復牓
陳用之槩孫諱犯文學與　諸葛安節別院省元
潘方　莫子偉叔光子

紹熙四年陳亮牓

宋叔壽　王度　劉宗向

陳用之再登科　許閎開弟

慶元二年鄒應龍牓

莫子純狀元叔光姪　以有官充第二中書舍人　曾勳槩子

王㴨　黄伸嘉禮子　陳無損過庭曾孫

馮景中時敏子　石宗魏衍之元孫　楊拱辰

馮大受　王夢龍　石宗王景衍曾孫

方秉成秉文弟

慶元五年曾從龍牓

吕沖之　張撫辰宗仲子　李知新光姪孫

王復明　傅誠墨卿元孫　胡衛沂孫

曾黯槩姪　石孝溥宗昭子　茹騤

嘉泰二年傅行簡牓

方秉哲秉文弟秉成兄　張炳　楊轟

袁一之

開禧元年毛自知牓　黃庭度弟

盧補之　過文煥　張浹辰宗仲子

申宋說　梁簡仲寬孫　田庾

任必萬

嘉定元年鄭自誠牓

周之章之瑞弟　黃虎　諸葛興

余一夔

嘉定四年趙建大牓

李復光曾孫　榮熙辰　李知孝光孫

唐機翊曾孫　錢難老　茹彧

虞埴時中孫

嘉定七年袁甫牓

孫之宏　朱晉　陳亨祖

姚翀　章夢光

嘉定十年吳潛牓

劉漢弼　姚鏞憲姪孫　陸若川升之孫

丁焯希說曾姪孫　丁燧焯弟　袁行之

尹煥　葉明道汝士孫　周宣子之綱子

閻璋　章又新　鄭大中

楊權

嘉定十三年劉渭牓

諸葛十朋　孫祀佑　王栝

過必寀　尤孟遠　茅彙征

王祖洽　王爚

嘉定十六年蔣重珍牓

毛遇順　周溶孫　莊𢿘

聞人知名　王建封俊彥孫
寶慶二年王會龍牓
楊瑾
紹定二年黄朴牓　張崧卿
任貴登　張飛卿　勞崇之
紹定四年
慶壽恩釋褐賜進士出身
王傑
阮元兩浙金石志府志於宣和六年失錄諸葛行言紹興二十四年失錄趙粹中紹熙四年
失錄陳用之蓋用之元年余復牓以犯諱與文學至是再登科也又紹興八年繆渥誤作涯
淳熙八年姚廷昂誤作趙嘉定元年余一夔誤作金七年章夢光誤作童十年丁煇誤作煒
十三年王栝誤作秳紹定二年任貴登誤作任貴
按碑云太上御名同音者石子重塾也攷紹興十八年王佐榜登科錄是年陸升之與弟
光之同登第升之貫開封府陳留縣孝義鄉高祖太傅爲戶光之貫紹興府山陰縣坊郭

鄉錦鱗里祖爲戶兄弟異籍不以爲嫌表出之以見宋代著籍之例不拘如此

紹興府修學記碑高六尺六寸廣三尺三寸額篆書紹興府□學記六字二行徑四寸記存十九行字數無攷行書徑一寸

紹興府修學記

通奉大夫提舉江州太平興國[闕]

中大夫右文殿修撰新改知溫州軍[闕]

辟雍海流冠帶環會五學迭八三宮有詩

天子之敎也牛林取芹□□展禮列坐正講下車延儒諸侯之化也自京達之郡[闕]拔才英俠

廣士廈皆所以建民極植邦基訓明六經杓準萬世非止區區工簡素束[闕]已越牛斗之壄舜

禹踐□存峰鑿秀明江海襟抱□氣旁薄蔚□雲霞山川既古且[闕]間探史氏服膺儒先經學

則虞翻楊□□□□□□國史學則趙曅□□謝沉靈運[闕]□□□文章則虞世基世南□

□□融夫鳳□□□□□弗可廂英碩之姿□竢表厲[闕]古敎化修治學官遹昌斯文□□

□□是以師尚高行表用名士則任延張霸也薦拔[闕]章王子尙也其日此郡□風蹈雅彷彿

淹中春誦夏弦依稀河上宜穹儒[闕]表顔延年之文也然則□明庠序躬珮敎誨不在建侯乎

乃庚午之秋郡[闕]泣于疇啇窘于市官廬□宅一無全居往往編織□□□緝葦竹相與謀□

以闕也有門珧珧扃戟交煥有廡翼翼龓斵孔延□□□□□□□煒業得其所肄禮闕蓋今

帥守□□□閣留侯以規□□其始□□□□□□□成也侯俶啓藩闕嗇者融虛者實

凡百□□□□□□特於儒璜萬金□□□之本克勺後先維昔

孝宗皇帝擢自橐坒付之□□□□□間父子相望嘗□□□□□□□□薄□□部內闕□

士固有儀也訓垂□□□□□遬□□諸梁肅曰學闕□□□□□□□□□□□□□□也

今攷子玉之言曰（以下俱闕）

按是碑年月及撰書人俱闕余嘗就其文考之蓋嘉定五年修學記也記中有云今帥守□□□閣留侯攷宋時知紹興府留姓者二人一爲留正一爲留恭（即正次子）正以淳熙二年四月由承議郎顯謨閣直學士知是年罷恭以嘉定三年六月由朝奉大夫直寶謨閣知五年四月與宮觀今記云庚午之秋則淳熙二年乃乙未嘉定三年實庚午且記又有父子相望語是主修者爲留恭無疑其閣字上闕文當爲直寶謨三字矣恭字伯禮永春人萬歷府志入名宦傳至書碑者余又考爲莫公子純寶慶續志子純傳云加右文殿修撰知江州不赴改知溫州歷官與系銜合葉適撰子純母虞夫人墓誌稱嘉定五年夫人從其子守溫州其時亦正符則修學之舉即在五年又可知矣子純字粹中山陰人慶元二

年進士第一以叔叔光蔭先得官改第二吾郡宋代廷魁四人惟詹公騤有紹熙二年所書修學記尚完好是碑久無知爲莫公書者而余偶推究得之可謂快事惜碑質已腐恐難經久也

紹興府新置二莊記

碑高七尺一寸廣三尺五寸額篆書紹興府新置弍莊記八字二行徑三寸記十八行行三十三字正書徑一寸五分

首行題闕

嘉定七年越〔州初建二莊於諸暨縣古博嶺越之西皆海〕〔也水怒防失冒寶盆臯白楊〕市兩縣間蕩爲滄溟〔事聞〕　上遽頒經常命太守趙公彥倓築堤捍之起湯灣〔迄王家〕〔浦公又益以留州錢千餘萬〕役自秋復夏乃畢越人謝曰昔土塘而今石宜可久〔無患公愀然曰未也堤之始穴尺〕寸爾慢不省積歲月大潰矣今雖壯好後將復然石何能爲初民杜思齊〔獲罪家沒入〕公請買於安邊所別藏其租以徼補煩一也越爲郊畿而民不勝困卿相〔迭守而治反〕疎鹵城堞營廨無不弊缺聘問燕饗無不削損若夫命鄉論秀合樂以侑之〔古今常禮〕也然且寂而無聲數十年矣公又歎曰越爲東諸侯率而簡陋至此况以貴〔傲世哉幸〕吾在皆略具而鹿鳴歌矣若異日何因思齊之餘又買諸傳氏以待三歲之〔用二也余〕知公者故以記來請嗟夫政未有不得其本而後成其末也故捍海之〔功巨而害原於〕小舉

士之費小而所關者大二莊之作趙公知之矣非特此也券易米而〔致鏹三物相〕流通不貴糴矣持券索錢昏暮無不與天下坐會子犯法相望不濫罰矣〔勤收而儉藏〕〔以貫萬數者四十乙亥大旱舉〕以救民不病歲矣有本之效也抑又有焉〔夫名峰異嶺〕〔在揚州蓋百千〔所獨會稽爲〕鎮山越之奇〔勝峻特〕擅〔於東南者以〕山也其〔深泉高瀑百〕道〔爭流〕昔人浚而爲湖山之窈窕縈紆〔媚於越中者以湖〕〔也湖今廢矣公能疏鑿以復〕漢〔晉之舊存〕王謝遺跡則治〔越之美〕可垂無窮二莊〔區區又豈足爲公道哉雖然〕〔天子召公歸矣〕嘉定八年　〔葉〕適記章貢〔曾槃書

阮元兩浙金石志時彥倓已改太府少卿召還此蓋因其去任而立也

按趙守彥倓築隄及買田備修事寶慶續志詳之其資諸生鄉舉之費則志所未載也彥倓字安卿宗室子宋史有傳記中以微補煩句葉水心集本作以備補完是碑書者姓名已泐乾隆府志作曾槃蓋其時尚未闕也槃字樂道禮部侍郎文清公幾孫左司郎中逢子見陸務觀文清墓誌誌撰於淳熙五年稱槃官迪功郎監戶部贍軍烏盆酒庫又乾道六年爲蕭山慰亦見入蜀記曾氏自文清寓越遂世居之書章貢者文清本贛人也

紹興府學撥酒稅額錢記

碑高一尺四寸廣四尺三十九行行十七字正書徑五分

□□□□□□□□日大懼不足稱塞共承

闕

□□□□□□□□移鎮是邦下車以來惠

□□□□□□□□饑朝齋莫鹽每憂其有

□□□□□□□□還賃錢事　公知之迺

□□□□□□□□不女疵瑕也然因予日

□□□□□□□□分予日之所入日給之

□□□□□□□□庫酒額各輅千錢稅務

□□□□□□□□也輕散之帑藏也薄月

□□□□□□□□誠多也諸生感荷且驚

□□□□□□□□前乎此開越學之所未

□□□□□□□□所難變者赫因逖考顛

□□□□□□□□五頃見於　景祐三年

闕

□□□□□□□隅新學始成又見於

□□□□□□□丁卯此州郡之惠也其

□□□□□□□萬緡以增新租今　江

□□□□□□帖府庫以償放貸殆不止一

人固匪曰小惠未徧也獨分撥酒稅額錢日

給以養士則昉乎此而又參稽今者庫務之

日額以酒則有若激賞有若公使有若都務

總其所入爲錢六十有八萬而贏以稅則有

若稅務爲錢亦幾及二十萬它不與焉以一

日之所分合四所共三千五百耳爲諸生飲

食之費日且不滿萬錢取之郡計不爲病後

之人孰肯爲之輕改亟易者事開於今日惠

不變於將來誠有如諸生之所言者矣不寧

唯是　公登

朝甚早便蓄九遷行躋禁從迨其出鎮有嚴
輦轂而又崇儒重道所至見思今越之爲政
也尤不苛刻不躁急動循成憲至其開心見
誠凡俗化之所關　别駕之賢　幕中之英
下與蕞爾之諸生有一言可采者悉嘉納之
則於今日學校之事可以槩見　公之大略
矣暇日諸生取　公之所判與夫稟劄之所
陳刻之石併以一時諸生相與言者書之嘉
定十年十二月既望從政郎充紹興府府學
教授徐赫謹書朝奉郎兩浙東路安撫司主
管機宜文字袁聘儒篆額　會稽丁暠刻

按是碑上截磨去僅存下方一段亦殘闕据跋語知爲郡守撥酒税二項錢給學養士之舉其上方所刻者當即跋中所謂府判與學中稟劄矣攷寶慶志嘉定十年知府事者爲王補之跋有云景祐三年者乃州守李照始立學宫之時云丁卯者乃治平元年張守伯

玉成新學之歲也宣和以後越州守臣例兼浙東安撫使宋史職官志云其屬有主管機宜文字袁聘儒歸安人紹熙四年進士（教授徐赫機宜袁聘儒乾隆府志俱未載）

汪綱等題名（刻高三尺三寸廣二尺五寸六行行八字正書徑三寸）

會稽守汪綱通判蔡

師仲吳鑰會稽宰蔣

如愚山陰宰趙希袞

以嘉定壬午三月既

望劭農于龍瑞宮登

射的亭啜茗而歸

按汪綱字仲舉黟縣人宋史有傳趙希袞宋宗室世系表作希褣秦王德芳八世孫射的亭寶慶志遺其名仲舉莅越多所興建此亭應亦其所創造者石上又有殘刻二行闕年夏闕師仲來當即此蔡師仲也（二通判稽陰二宰乾隆府志俱未載）

曾黯南岳題字（碑高六尺二寸廣三尺八寸大字二行行四字正書徑一尺二寸小字二行行八字徑一寸）

紹定戊子孟春一日

見素抱朴

少私寡欲

曾黯書于南岳石壁

按八字老子文黯既書於南岳石壁不知何時摹刻越中會稽學宮元初燬於火故宋碑絕無存者則此又從他所移至者矣黯字温伯會稽人慶元五年進士文清公幾曾孫陸渭南集有曾温伯字序及除寶謨閣待制舉黯自代狀黯時官從政郎總領淮東軍馬錢糧所準備差遣蓋嘉泰三年正月事

尹朱二先生祠堂記 碑高七尺八寸廣三尺八寸額篆書尹朱式先生祠堂記八字二行徑三寸記十七行行四十一字正書徑一寸

新安汪侯以提點浙東刑獄兼帥越既鼎新庠序使士知鄉方又謂古之學者必釋奠于其國之先師國無其人則取諸它國示必有則也惟堯舜禹湯文武周公孔子孟軻所傳之道至河南程夫子而復傳近世諸老及登程夫子之門而能得夫子之道者惟和靜尹先生而先生實歸老于越其殁也丘隴存焉非越之先師歟不及登程夫子之門而能得夫子之道者惟文公朱先生而先生嘗建臺于越其殁也荒政社倉遺愛存焉藉非越人非越之所嘗師歟而學僅有和靜祠庳陋不足以揭虔則因庠序之新更爲堂而竝祀之使士知取則焉庸非師帥之責

歟因相地西廡之外度材鳩工未幾祠成肖二先生之像于前而列二先生與其師若友之書于側使學者仰瞻像設而知所尊俯翫簡編而知所存非以善教得民者其孰能之詩曰高山仰止景行行止越之士宜知所勉矣既成而權教授王君遂書來道諸生之意俾余爲記余嘗竊攷二先生之事則有可言者和靜患學者聞見之雜傳襲之繆雅不欲以言語示人晚侍經筵所進語解一編寂寥簡短而蘊奥略具蓋欲學者默識而心會文公患學者講學之廢而析理不明曰經傳之遺言探聖賢之微旨注注成書最後以論孟中庸大學四書集道之大成合諸家之説擇焉唯恐不精取衆説之善語焉唯恐不詳蓋欲學者目擊而道存二先生之事不同如此要其終而論則和靜之學似曾子守約欲以施博文公之學似孟子詳説所以反約孔氏之門無曾子則空言汨而道不傳無孟子則微言隱而道不明而二先生之在程門亦似之由是而言則二先生之生實道統攸繫人極之所以立人心之所以未昧繫二先生是賴豈惟越人祠之將天下實祠之余故喜爲之書以見天下之祠二先生自越始而越人之祠二先生自汪侯始侯名統字仲宗紹定庚寅孟夏既望奉議郎直祕閣主管建昌軍仙都觀劉宰記朝散大夫行宗學博士兼　景獻府教授袁甫書朝議大夫新除司農卿□夢龍篆額

丁杲□□□

按劉宰字平國金壇人宋史有傳記載漫塘集中字句無大異同惟集云秋分日碑云孟夏望爲不合爾袁肅鄞人絜齋先生燮子慶元五年進士其系銜有景獻府教授或疑景獻太子薨於嘉定十三年紹定時不應尚設教授攷李心傳朝野雜記紹興十四年建宗學於臨安學生以百名爲額在學者皆南宮北宅子孫若親賢宅近屬則別置教授以館職兼不在宗子之列故宋史莊文太子魏惠憲王二傳薨後皆云設有府教授因莊文惠獻俱有子也景獻本傳不載其有子亦不載設教授今以肅官證之則史之疎漏者多矣篆額者名夢龍姓已剝蝕萬歷府志鄉賢傳有王夢龍新昌人曾官司農卿蓋卽其人也和靜墓在府城南三十里謝墅天柱峰下久失其處乾隆間得墓碑其後裔居嵊者始復葺之教授王遂乾隆府志未載

紹興府進士題名三碑高六尺九寸廣三尺八寸額隸書紹興府進士題名三八字四行徑七寸碑分四列第一列記二十一行行十九字正書徑七分二列題名廿九行三列廿七行四列十行俱徑九分

上踐阼之八年

徽猷農卿程公帥浙東領府事下車未幾修教庠

序以孝弟忠信淑諸生學者鄉風是年論秀賓興

勸駕有加禮善類增氣明年奉
廷對二十有二人猗歟盛哉越所未有也舊題名
記二姓氏充牣餘不盈咫　公一見嘆曰此邦爲
帝鄉且屬
東朝　壽慶　恩腴闔郡秀茂上春官得人宜多
茲詎足紀姓名亟礱石以俟捷至果如　公言
公嘗麾節鄞江今江東憲　袁君甫魁天下聯名
尤夥豈非　福星所至則魁躔文宿次舍翼從炳
煥增輝固應爾耶新碣肇建芳字粲陳非獨傳不
朽示方來至於文風丕振士氣聿張光紹三魁衮
衮未艾此又　公之所深屬蟾倚席罔功拭目榮
侈或謂蟾曰識顛末紀歲月郡博士職也蟾用不
敢辭謹再拜泚筆述所睹聞俾來者有考若夫前
記所刻自　杜正獻公而下其人物風流事業彪

炳者　國有史郡有志登載詳矣異時將大書特書不一書而止作人有功聞者興起又當推本於今紹定五年十月望日文林郎　特差充紹興府府學教授繆蟾謹題

紹定五年徐元杰牓

陸壑（佃五世孫）　梁大受　葛焱

施退翁　孫子秀　胡昌

李衢（光曾孫）　陳錫禹　揚釋回（拱辰姪）

孫自中　王世威　陶夢桂（廷俊孫）

楊炎　楊國英　過夢符

王鵬舉　戴鐸　王華甫

陳煥　呂秉南　王景壽

端平二年吳叔告榜

馮喜孫（谷四世孫）　俞公美　孫熺祖

嘉熙二年周坦榜

胡太初（余潽子三年中詞學科第一人）　過正巳（文渙姪）　全清夫

劉曾　孫逢辰　戴得一（鐸兄）

錢紳　屠雷發　戴浩（得一子）

楊瑤（璀弟）　孫嚞　袁灝

韓境（琦六世孫）

淳祐元年辛丑徐儼夫榜

陳膺祖　鄭熙載　馮平國

淳祐四年甲辰留夢炎榜

章夢璞　張良孫　任西之

陳熹之　朱元光　楊光子

陳肖孫　李士特

淳祐七年丁未張淵微榜

葉秀發　王公大　孫嶸叟（林之子癸亥再中詞學）

馮濟國

淳祐十年庚戌方逢辰榜

黄雷　胡夢麟　王燦

胡杲　孫林之宏姪　商又新

王祖直　董元發

寶祐元年癸丑姚勉榜

陸逵　孫象先　毛振

夏仲亨　沈翥紳五世孫　陳夢卓

唐震　孫炳炎　李碩

錢恢

寶祐四年丙辰文天祥榜

杜應之　姚會之　何林

劉漢傳　莫子材　張頤孫

徐理

開慶己未周震炎榜

俞浙　季應旂省試賦魁　潘時晦

孟醇　朱國英　劉瑞龍

晏珏　陳碩

景定三年壬戌榜

方山京狀元　黄焱　黄遇龍

華景山　陸天驥　張霆

陳開先夢卓弟　許禀省試第二名　徐天祜

吳大順　吳天雷　王煓

咸淳元年乙丑阮登炳榜

潘文虎彬曾姪孫　俞湘公美浙姪　張翼

張彌浩　高子埜　郭泰來

陳化翰　吕淵沖之曾孫　王峻

袁儒　曾卓　聞人適

朱沐　陳俊卿　陳必得

胡淳　趙炎

太學上舍釋褐

董夢顯

咸淳四年陳文龍榜

朱士龍　朱得之　胡庸

石余亨　盧普　周遇龍

揚潭　商夢龍　余庭簡

咸淳七年張鎮孫榜

厲元吉

咸淳十年王龍澤榜

陳喜孫　陳庚應　董弼

丁午奎　袁桂　傅默

王壽朋　周汝暨

阮元兩浙金石志府志題名中失載景定三年吳大順王爀二人咸淳元年潘文虎張翼張彌浩郭泰來陳化翰陳俊卿陳必得胡淳曾卓聞人適十八人四年周遇龍楊潭盧普三人十年陳喜孫董弼丁午奎傳默王壽朋五人又咸淳元年太學上舍釋褐董夢顯志亦遺之宋時進士明經諸科外又有制科其後又有上舍出身及博學宏詞科而推恩士子更有特奏名之例越中自南渡後人文日盛世第連綿三碑所注代系科目藉以補正志乘者不少然則石刻之有裨於文獻豈淺鮮耶

按記云奉廷對二十有二人即指紹定五年榜也而石刻所列止二十一人不應漏奪當是筆誤爾府帥程公名覃三魁者紹興十八年王佐（是年第一人董德元以有官改第二佐以第二改狀元）淳熙二年詹騤慶元二年莫子純也（子純以有官改第二第二人鄒應龍改狀元）其後景定三年方山京復登大魁計有宋一代狀元四人（實三人）第二兩人錢易莫子純第三兩人陸佃李孟博第四兩人杜祁公胡沂至一家先有登第者復遇後人登第碑皆例注其人名下然間有未備今據所知增補焉

傅瑩（營弟）關希聲（杞兄）王霽（絲子）關景仁（希聲兄）求元忠（移忠弟）朱常（戩子）以上題名一　黃唐傑（特弟）諸葛行言（行敏弟）茅寵（寄弟）周汝龍（汝士弟）陸洙（游弟）周之綱（汝士姪）諸葛千能（行敏姪）朱元龜（元之弟）諸葛安節（行敏姪）諸葛興（行敏姪）諸葛十朋（行言曾孫）孫祖祐（應時姪）周溶孫（宣子子）任貴登（必萬子）

張飛卿崧卿弟以上題名二　呂秉南沖之孫錢紳移哲曾孫孫囍子秀姪陳膺祖橐元孫孫象先宏之姪

陳夢卓膺祖姪劉漢傳漢弼弟張頤孫良孫弟朱國英元之孫王峻世威姪朱得之士龍姪以上題名三

○又按題名三碑第一碑夏噩重見凡一百四十三人第二碑陳用之重見凡二百四十八人第三碑迄於宋末凡一百三十三人都凡五百二十四人其得謚者九人杜世昌正獻孫沔威敏陳過庭忠肅李光莊簡胡沂獻簡黃度宣獻莫叔光文清劉漢弼忠唐震文介宋史有傳者十六人杜世昌齊廓孫沔顧臨陸佃石公弼李光陳橐胡沂陸游黃度王爚劉漢弼孫子秀陳過庭唐震萬歷府志有傳而崇祀鄉賢者三十二人杜世昌顧臨姚勔陸佃石公弼陳過庭姚舜明李光張宇發石公揆陳橐胡沂唐閎王佐石墪黃閈貝欽世陸游王逨黃度莫叔光王厚之姚憲孫應時莫子純王夢龍劉漢弼王爚孫子秀唐震劉漢傳俞浙許㮚有傳而未崇祀者二十九人齊廓王綵孫沔齊唐石牧之華鎮朱𢧐虞賓唐翊華初平傅崧卿梁仲敏傅墨卿石公轍王公袞石斗文俞亨宗石宗昭李友直朱元之杜思恭毛遇順楊瑾王華甫呂秉南孫嶸叟孫炳炎方山京石余亨乾隆府志補傳者十四人陸軫李孟博虞仲琳郭綽許閎馮景中諸葛興姚鏞陸竅孫囍陳開先徐天祜余庭簡厲元吉其有事蹟著述尚可攷見而余所及知者又二十一人沈紳褚璆石衍之石象之關杞關景仁陸傳陸升之周汝士詹騤馮大受呂沖之曾黯黃庭孫之宏商又新韓境馮平國何林吳天雷趙炎備錄之以見宋代科舉得人之大槩焉按沈紳謚文肅雖見萬歷府縣志然志既不爲立傳核其官職僅爲少卿亦不應得謚越中沈氏皆祖文肅恐屬家譜傳聞之說附記之以俟考

紹興府學整復賃錢牓記

碑高六尺二寸廣三尺四寸額楷書紹興府學整復賃錢牓記十字五行徑五寸碑分三列上列首行使府二字正書徑三寸次牓文十六行中列接牓文六行行十二字徑一寸一分年月四行五字徑三寸末行使字徑六寸下列申文十九行行字不等正書徑五分銜名四行徑三分跋十三行行字不等行書徑四

分

使府

簽廳奉

使府判送下府學教授朱從政

申本學賃戶與掠錢人片扇盡

作屋宇倒損虛申減退元額十

無一二又欲揍還舊會以致積

欠頗多公廚無可收買食料有

悞指準乞從

使府給牓曉示應是佃賃府學

屋地除官放外並要照元約點

還見錢不許以會子揍折如有

故違之人即乞斷錮監還元業

施行奉

台判索元立賃約呈本學承準
後卽檢尋元舊簿籍並是合同
文約各付賃戶收執係點還見
錢遂齎一宗簿籍赴府點對奉
台判簽廳呈簽廳官書擬已將
本學砧基簿籍點對並是元點
見錢分明欲照所申給牓曉示
照元約還見錢呈奉
合判給榜曉示證元約還須至
曉示
右牓府學前
張掛各令通
知淳祐捌年
柒月（紹興府印）日牓

照碑摹出

使九
龔等竊見越學較之他郡生員頗盛土產最薄所恃以供廚料者僦金而已止緣蠹弊日積考
之元額十損七八率是掠錢人與賃戶轉相買囑巧立名色易見錢爲舊會遂致二饍菲薄殊
失
朝廷養士之意龔等濫巾學職銳圖整復申明
學廳乞從
使府給榜曉示賃戶照元約點還見錢得蒙
府教　詔使　大著　先生備申重蒙
大帥　寶文　大卿　先生軫念學校索上元砧基拖照見得當來合同文約委係點還見錢
分明給榜下學曉示賃戶照元約還見錢由是宿弊頓革支遣稍紓龔等深慮日後復有乘間
行私者轉移定式若不勒諸堅珉永遠爲照無以杜絕奸心欲望
台慈特從所乞施行干冒
師嚴下情不勝戰慄之至
右謹具申

呈

九月　日學生國子發解進士充直學王　宰劄子

學生鄉貢兩請進士充直學尹　經

學生鄉貢免解進士充學錄丁應龍

學生鄉貢免解進士充學正劉致堯

當職濫司教養無補事功昨因歲歉學廩告匱亟懇　帥府　庾司蒙給米續食幸免停供公厨二膳取辦僦金因攷舊額日掠柒貫肆百壹拾文足中間主學計者爲私而不爲公暗行給據消減易見錢而爲舊會每日止掠弍拾捌片十七界者近直學王宰根刷積弊取元砧基點對人戶日納皆見錢經府給榜蒙　使判照元約點還今日掠巳陸貫捌拾壹文足雖未盡復舊數增益巳踰三倍直學之有功於越校多矣他如學租元管田肆仟肆伯餘畝分□所收僅弍仟石其爲欺弊尤甚於僦金當職因去載旱歉不暇根括行即書滿敬俟來者㫖淳祐戊申

九月旦日從政

許濟刊

按淳祐八年知府事者爲趙性夫劄子稱寶文大卿者攷寶慶續志性夫時以大理少卿除

直寶文閣也跋乃朱從政作兩浙金石志辨作復□因疑即跋吳履齋十二箴之邵復□殊誤教授朱從政乾隆府志未載

存悔齋十二箴碑高七尺八寸廣三尺八寸額篆書履齋先生存悔齋十二箴十字二行徑二寸六分文十二行行十六字正書徑二寸二分下截跋三十二行行十五字正書徑六分又題名四行徑四分

性一以靜心虛而明以明合靜曰純粹精

昂昂天民昭昭帝命萬善百行始於持敬

雲行雨施魚躍鳶飛愚囘早覺達賜晚知

濂溪光霽延平灑落其閒工夫先去剛惡

大小往來屈伸感應其機不停莫若中正

吉生於悔吝必有凶所以聖賢貴乎反躬

辱踵榮後毀居譽前吉無不利在乎謙謙

蹇則修德困則致命無怨無尤敬恭以聽

爲善成名求名喪善有爲無爲義利之判

言倍招憂事倍招患以約失之吾見亦罕

當遯彖尾當集貴翔聖人之道進退存亡
兩夜包晝偶陰對陽君子所履南方之强

右存悔齋十二箴

履齋先生吳公製以銘座右者也

皇上即位二十六年冬　先生奉命帥越始入學升堂講禮招諸生誨之曰此今天子毓聖之邦恩典視古南陽盍勉旃既而頒示朱吕二先生學規又出所自爲齋箴以勵後學衆相顧愕眙曰先生以倫魁秉大政中邊瑩徹璧玉無瑕四方善類仰爲標準而存悔有箴辭嚴義密凜乎畏懼豈固歉然示天下哉吾應之曰　先生以履名齋者也履者禮也自上天下澤之象立而禮制行正

心誠意其本也修身齊家治國平天下
其用也天理人慾限界易迷別嫌明微
莫重於禮禮苟不持何以能悔悔苟不
存何以爲箴故悔一而義二警□□遷
善改過之端覺悟於今是昨非之證則
是悔也進德之機也震无咎者存乎悔
是也顛冥於進退存亡之鄉昏亂□□
遲饒硊之境則是悔也憂虞之象也□
近相取而悔吝生是也　先生之學以
忠孝爲大節以誠敬爲實務切切於理
慾之辨義利之分是其心鏡內融禮輿
外馭固不至於有悔而猶存悔以自警
則始於寡終於无克已復禮卽顏子不
遠復之時也以禮自防卽衞武公聽用

我謀之日也大冊渙庭行攄素藴□□
天下　先生其履而泰者乎易曰視履
考祥其旋元吉　先生以之衆皆曰然
因録諸石與學規並傳俾同志者有攷
焉淳祐己酉季冬望日郡博士邵□復
謹識
學生迪功郎新池州東流縣主簿充府學學正宋申甫
學生鄉貢免解進士充府學學録丁應龍
學生鄉貢進士充府學學録劉瑞龍
學生鄉貢進士充府學直學沈翥
學生免解進士充府學直學王尙忠
學生鄉貢進士充府學糾彈陸天驥
學生免解進士充府學司計錢大有
丁杲同男元刋

按履齋吳丞相潛之別號也字毅夫寧國人宋史有傳嘉定十年廷對第一其知紹興以淳祐九年十一月至十二月即除同知樞密院事兼參知政事邵跋作於是月之望故有倫魁秉大政之語學生中劉瑞龍嵊人開慶元年沈翥會稽人寶祐元年陸天驥山陰人景定三年皆登第淳祐乾隆府志誤辨淳熙蓋淳熙十六年歲亦己酉也教授邵□復乾隆府志未載

寶祐橋題字刻二方每方高二尺三寸廣六寸正書徑五寸

峕寶祐癸丑

重陽吉日立

按癸丑爲寶祐之元年故以名橋後土人於附近復建一橋稱爲小寶祐則於義無當矣

府學二字碑碑高九尺三寸廣四尺三寸額篆書皇帝御書四字二行徑四寸二分分二列上列大字一行正書徑二尺五寸小字一行徑一寸三分下列表六十九行行二十二十一字不等正書徑五分年月銜名五行徑三分

府學

御書

賜紹興府之寶

叆叇言今月二十一日承入內內侍省東頭供奉官幹辦御藥院檢察宮陵蔣安禮帖子傳奉聖旨宣諭紹興府守臣陳顯伯等爲奏乞紹興府府〔學〕御書扁額伏蒙（已下空格碑俱提行）睿慈賜府學二大字臣敬率諸生望闕謝恩祗受訖者千巖競秀偉毓聖之名邦肆筆成書揭昭天之華扁鼎新儒館壯麗帝鄉叆叇惶懼惶懼頓首頓首伏念臣奮自舍闈叨膺庭策職專分教粗知臣必盡忠心恐獲愆詎敢食而怠事爰睹宮牆之蕪廢亟資藩牧以興修素王之宅再成青佩之居仍葺粉檽星以尊廟貌依芹水以繚屛垣秋毫不費於學儲生財何道月俸簿捐於已帑得助者多稍愜昔日之規模輒正穹霄之奎璧帥臣敷奏上徹宸衷中使傳宣聳聞天下瞻企口勤於北闕歡迎爭出於西郊搢紳韋布之奔趨交相動色文物禮樂之盛美莫不稱情眷篤九重恩同四學茲蓋伏遇皇帝陛下道探羲畫治煥堯文時敏緝熙令德彌彰於珠緯日怡清燕丕猷浸溢於瑤編侈寵渥於諸馮錫標題於泮序龜圖現瑞虹渚增輝八法端嚴如待冕旒之儀表三熏捧拜恍驚金玉之焜煌感荷君恩作成士類臣敢不恪遵追琢允極欽崇倬然雲漢之章光

明　下濟　溥矣　淵泉之澤　風化旁行臣無任感　天荷　聖激切屏營之至謹率職事

生員奉表稱　謝附麗帥臣謝表以　聞臣登雲惶懼惶懼頓首頓首謹言

寶祐元年十一月　日迪功郎　特差充紹興府府學(教授)臣戴　登雲　上表

鄉貢進士學正臣丁應龍　鄉貢進士學錄臣劉瑞龍

免解進士直學臣錢大有　鄉貢進士直學臣相　峴

免解進士糾彈臣王尙忠　免解進士司計臣張□□

免解進士司書臣全　朴

臣李源臣丁元刻

按紹興爲理宗潛龍之地故有此賜學中職事生員有學正學錄直學糾彈司計司書諸名而司書不常見他刻者意職掌較輕多由兼攝歟（教授戴登雲乾隆府志未載）

八字橋題字（刻高三尺二寸廣五寸五分一行正書徑四寸）

嵜寶祐丙辰仲冬吉日建

按橋已載嘉泰志以兩橋相對而斜狀如八字得名此蓋記重建之歲月非創造也

紹興府建小學田記（碑高七尺三寸廣三尺六寸額篆書紹興府建小學田記八字二行陽文徑三寸記二十一行行三十七字正書徑一寸二分）

古者教養有法學不躐等人生八歲而入小學訓之以灑掃應對進退之節禮樂射御書數之文若曲禮少儀内則弟子職諸篇燦然可攷及其十有五季然後取而入之大學其施之有次第養之有本源蓋自爲童稚而其教固已行矣後世科舉利禄之習勝父兄所以詔子弟庠序所以□諸生區區焉以課程文取科第是務三尺童子駢儷綴緝皆有紆朱懷金之想教□其本無懽□習之不如古也越舊有小學羣居終日有養而無教余心慊然於是延禮教諭俾朝夕誨□□□取　紫陽夫子小學諸書習而讀之凡故家名族子孫之有美質而無以爲資者咸造焉□□□而養弗給會

御書有閣歲久當葺修舊補弊工費靚鼎創一日謁之　大帥厚齋先生　先生曰是余心□□泮宮廣生徒舍增學子廩古賢牧守事余其敢後乎因撥山陰檢籍吏產得湖田水田并基□□二百三畝有奇計其所斂與征布之入佐工役費其田盡歸之小學所以仰承

聖天子崇重學校嘉惠多士之意可謂至矣昔　太師史忠定帥越建義廩於學以濟貧士□□之家貧而無力以葬與夫孤女之不能嫁者至今越人德之然迄其死可無以養其生嫁其女□無以訓其子君子謂是舉也　史忠定不得專美於越學矣　先生溫恭豈弟禮士愛民政教□行風涿篤厚而景行猥以郡文學因仍累政規模之舊雖至愚極陋毫髮無補然亦不

敢解忽□墨以敗名教獨於小學竊有取於養蒙之義　先生又慨然撥田增廪以樂成之學
有本源□□陵躐它日擇其俊秀舉而升之大學其所成就當不愧於古之賢士詩曰肆成人
有德小子有□古之人無斁譽髦斯士其是之謂矣因相與勒諸堅珉以無忘　賢師帥之盛
德云景定三季〔壬〕戌良月之吉學生漕貢進士司計朱發學生兩請鄉貢待省進士糾彈王
多吉學生漕貢進〔士直〕學王應漕學生鄉貢待省進士直學劉瑺麟學生鄉貢進士學錄任
發學生監貢進士學正〔劉瑞〕祖門生迪功郎紹興府府學教授陳景行記門生承議郎通判
紹興軍府兼管內勸農事方□書朝奉大夫祕閣修撰提舉福建路常平義倉茶事留夢炎題
蓋

丁元刊

碑陰 高六尺八寸廣三尺七寸分五列一二三列俱五十九行四列六十行五列五十二行正書跋十行行書俱徑五分行字不等

〔景定叁年〕閏玖月拾伍日準

〔使府牒備奉〕

〔判府安撫季龍圖〕台判發下逃吏俞汝賢籍沒田產專充小學養士田委〔職員檢覈本學〕□稟
後繼委職事糾彈王多吉司計朱發講書朱遜伯〔下鄉逐段挨釘〕□湖水田地共計貳百單叁

畝有零喚佃入契訖數內有〔嚚訟譁徒妄〕□手執蒙　臺府理斷剖決明白□別立砧基租籍

外今開〔具產數租額〕　臺府前後斷遣因依于后

〔山陰縣〕

〔感鳳鄉〕

〔秋字玖拾〕叁號水田柒畝貳角貳拾陸步叁赤貳寸

號水田叁畝叁角壹拾柒步

□□□百貳拾玖號水田貳畝壹角壹拾捌步

□坐落十二都則水牌　管業人丁元二

□號共計壹拾叁畝叁角壹拾步叁赤貳寸

□□叢田職事挨究都保備稱係是百姓丁元二產詭作丁千乙娘立戶已□□實忽準

使府備準　提舉使司牒備據亭戶宋義狀稱係已□產本學點到契照見得錢百十賣與

丁千乙娘宋千乙娘典與趙紫□□契並全借是已曾贖出得領不得契不應上手老契亦

在被留之數□□錄領子即無官司印押本學委難憑信本學回申　使府及列項申□□

轉運使臺準牒委　府判北廳專一提督未了事件續準　府判□行下云云欲將別項會

稽縣湖水田玖畝叁角貳拾步换去元發下拾□畝叁角膏腴之田本學僉議難於私易已

具回申續於景定五年五□□準

□府牒備三江亭戶宋義詞行下奉

判府安撫季大卿台判亭戶估佃官田敢與府學抗顯無忌憚押下府學請府教兩廳差人

監送直學責狀入契今晚申不伏解上斷治本學已遵稟唤上元業主丁元二丁秀一到學

入契再委料彈司計親往扦釘特從饒減責租壹拾石入契已據宋義責卽無干預狀附案

申

府照會乞免根究宋義特與封案一次訖

□□鄉

□字壹百伍拾貳號白熟地柒畝坐落十二都薛瀆佃戶成六九上米陸碩

□字叁百肆拾貳號白熟地貳畝坐落十二都薛瀆東漊東岸佃戶張元六上米貳碩

□字伍百柒拾叁號水田貳畝壹角叁拾叁步坐落十二都薛瀆廟漊西岸

體字肆百陸拾號水田壹角伍拾肆步坐落十二都蝦漊南

貳項並係佃戶張萬七共上米壹碩玖斗

體字叁百貳拾玖號水田叁畝肆拾伍步坐落十二都
此項嶴田職事申挨尋未見本學牒縣喚問體字大保張萬六等續據□到係陳元八佃種
喚到陳元八責租據供係陳郡馬管業忽據華總管宅幹人□□稱係本宅田産繼索千照
據陳郡馬孝忠齎出華宅名契照係是□祐陸年置到趙知丞産本學契照係是慶元貳年
置到王通判産□□先後暸然可見
□□□
□□□百伍拾捌號基地壹角叁拾陸步
號園地壹角壹拾肆步
□項並坐落十二都薛瀆佃戶王元二共上米壹碩
□□□拾陸號水田肆畝叁角叁拾伍步坐落十二都竇盆紅墅佃戶張萬□□米叁碩捌
斗
□□□□玖號水田叁畝壹角壹拾步叁赤坐落十二都歸字西畈
□□□□肆拾玖號水田壹畝壹拾伍步叁赤貳寸坐落十二都體字西畈
□□並係佃戶蔡從乙共上米肆碩肆斗

□□　　號水田壹畝叁角壹拾壹步

□□□□柒拾號水田貳坵共貳畝叁角伍拾貳步

□□□坐落十二都薛瀆佃戶戴曾乙共上米肆碩肆斗

□□□□陸拾伍號水田叁畝貳角肆拾伍步坐落十二都强頭村東浦港□岸佃戶張從

二上米肆碩

□□□百陸拾貳號水田捌畝肆步坐落十二都蘆井畈肚佃戶張萬十上米□碩捌斗

□□　號水田貳畝貳角坐落十二都東浦港西岸佃戶史季乙上米貳□伍㪷

歸字肆百貳拾貳號水田壹畝叁拾陸步

體字肆百陸號水田壹角貳拾柒步

體字肆百壹拾伍號桑園地貳角壹拾伍步叁赤壹寸叁項並坐落十二都後衕橋後佃戶

張萬五共上米貳碩貳㪷

邇字拾壹號水田肆畝叁角坐落十二都横港南岸佃戶張萬三上米肆碩捌㪷

被字肆百拾捌肆百肆拾叁肆百肆拾玖肆百伍拾伍共肆號扦出西邊水田壹拾畝坐落

十三都管墅潘安乙門首佃戶潘安乙上米柒碩伍㪷

此項準　使府判送下潘安僧狀稱係已贖祖產本學索到千照見得上項田段元有貳拾陸畝本學契照自係西邊扦出拾畝不應以東邊已贖之領影射西邊沒官之產本學囘申

使府續準　行下管業責租其潘安乙已就入租契還租訖

化字壹百肆號水田陸畝壹拾伍步坐落十三都張滿港東岸佃戶俞萬十四秀才當直莊曾二上米陸碩

此項覈田職事申被俞必蕃佔匿佃戶移易上項田段不容扦釘反將隨直弓手行打本學具申　使府續準　使牒將俞必蕃勘杖一百牒本學照契管業後拘俞萬十四秀才當直莊曾二到學入契責租訖

食字陸百柒拾玖號水田扦出南向貳畝壹角肆拾壹步坐落朱咸村佃戶沈右乙上米貳碩貳㪷伍升

此項扦釘後據沈良卿到學陳乞稱係已產索到砧基點對係□僞造紙色新舊不同合縫處止有半印學廳封印具申　使府續準　使牒□沈良卿勘杖壹百牒本學照應管業後據沈右乙到學入契責租訖

萬字叁百玖拾壹號水田叁畝壹角貳拾柒步肆赤柒寸坐落十四都娜兒墩佃戶邵七乙

上米貳碩貳㪷

方字叁百壹拾肆號水田陸畝叁角伍拾叁步坐落十四都中梅村佃戶王百七上米貳碩

玖㪷內叁畝零給還張杞秘校訖

常字貳百壹拾柒號水田壹畝壹拾貳步

豈字叁百捌拾玖號水田壹畝伍拾貳步

兩項並坐落洋墩港佃戶王萬三王從四共上米壹碩捌㪷

常字伍拾肆號水田壹畝壹角伍拾壹步肆寸坐落十□都嚴家港佃戶嚴萬十二上米壹

碩

養字貳拾肆號水田貳畝陸步貳赤叁寸坐落十五都南莊佃戶三從一三萬三上米壹碩

玖㪷

溫泉西管鄉

作字壹千伍百柒拾柒號水田肆坵計貳畝貳角貳拾柒步坐落二十都石門村佃戶丁千

念乙張千十共上米壹碩柒㪷

念字壹千伍拾捌壹千伍拾玖號水田叁坵計壹畝叁拾叁步坐落二十都滑衕口佃戶丁

九五上米柒㪷

念字捌百拾捌捌百拾玖捌百貳拾號水田叁㘴計壹角伍拾陸步坐落二十都塘下岡佃

戶丁季三上米叁㪷

念字伍百拾叁伍百捌拾伍百捌拾壹伍百捌拾伍伍百玖拾貳伍百玖拾肆共陸號水田

陸㘴計壹畝壹拾捌步坐落二十都高畈佃戶丁季三丁季六上米柒㪷

作字　號水田壹畝貳角

作字伍百肆拾柒伍百肆拾捌號水田壹畝伍拾叁步

兩項並坐落二十都石門村佃戶丁萬五男丁萬十三共上米貳碩叁㪷

念字捌百叁號熟地叁段計貳畝貳角坐落二十都柘林佃戶丁萬九上米肆㪷

迎恩鄉

清字貳百柒號水田叁畝坐落廿六都長橋村南朱家潭茹曾三家東佃戶茹曾三上米叁

碩

力字陸百貳拾肆號湖田貳畝叁拾肆步貳赤捌寸

力字柒百玖拾捌號湖田貳畝貳角叁拾捌步

臨字壹百叁拾叁號湖田壹畆貳角肆拾步
臨字捌拾玖號湖田貳角壹拾柒步
臨字柒拾肆號湖田貳角壹拾柒步
臨字捌拾貳號基地壹角壹拾捌步
陸項共坐落九五都曹家畈佃戶曹萬念九曹萬三十二共上米肆碩捌㪷
不字壹百玖拾捌號湖田壹畆貳角伍拾陸步肆赤貳寸坐落九七都不字圍畈佃戶徐千
二十上米壹碩肆㪷

承務鄉

止字　號基地壹角
止字捌百肆拾柒號基地貳角叁拾步
兩項並坐落九七都李家葑佃戶李九六共上米陸㪷
止字捌百叁拾陸號湖田貳畆貳角壹肆步坐落九七都南池東岸佃戶李九四上米貳碩
叁㪷
止字　號湖田貳畆零坐落廿七都化壇後佃戶王小十四上米壹碩捌㪷

思字　號湖田陸畝零坐落廿七都李家葑佃戶李九六上米陸碩
止字貳百貳拾號湖田壹畝壹拾叁步
止字貳百貳拾陸號湖田叁角肆拾柒步
兩項並坐落李家漊佃戶李曾四何元六共上米壹碩陸㪷
止字壹千捌拾捌號湖田貳畝叁角伍拾玖步肆赤玖寸坐落廿七都南池港佃戶周珪何
萬十五上米壹碩玖㪷
定字壹千貳百拾伍號水田壹畝叁角壹步坐落廿九都步路橋佃戶許萬二上米壹碩貳
㪷
無字陸百叁拾壹號湖田壹畝叁角壹拾捌步坐落三十都凌家濡
無字叁百壹拾伍號湖田貳畝坐落三十都揚家濡
兩項並係佃戶朱千四共上米貳碩陸㪷
無字肆百玖拾貳號湖田壹畝叁角壹拾捌步叁赤柒寸
無字肆百捌拾玖號湖田叁畝貳角叁拾伍步肆赤叁寸
無字肆百捌拾肆號湖田貳角叁拾壹步

叁項並坐落三十都無字畈佃戶張元二張元三共上米肆碩

無字壹千叁百伍拾柒號湖田貳畝壹角壹拾貳步坐落三十都下牛路佃戶程百念二上

米壹碩肆㪷

下字貳百貳拾貳百貳拾壹號湖田迁出南邊一半計貳畝壹角壹赤伍寸坐落三十都木

栅上佃戶徐紹祖上米貳碩貳㪷

和字伍百玖號水田貳畝叁角玖步肆寸坐落三十二都天章寺下大路邊白鶴橋佃戶陳

萬二上米貳碩伍㪷

和字伍百叁拾貳號水田貳畝壹拾貳步叁赤貳寸坐落三十二都天章寺下大路邊白鶴

橋佃戶賈百九上米壹碩陸㪷

此貳項扞釘後準　使府判送下趙府幹人竺珣狀錄白已死庵僧本空領契領子爭執本

學繼具因依囘申奉　判府安撫季龍圖台判君子可欺以其方難罔以非其道學校乃君

子肄業之地胡可罔哉據趙府詞幹竺珣之詞稱上項田兩項契照昨因庵僧本空關出縣

案對證遂留俞押錄處其說似矣但俞伸之死已久趙府何爲不於生前取討俞汝賢之估

籍踰一年本學扞釘踰一月何不經官辯明所執以爲據者庵僧本空之一領既不經官印

押本空又死將孰從而憑信乎詳揆田衆職所申如此殆難罔也官司雖欲曲爲詞幹之地其可乎世之習浮屠學者其徒廣廈而居安坐而食所業何務王公大人樂施喜捨動捐膏腴千百畝無所靳諸生皆誦習　孔子六藝之教聖人之徒也罪吏巳籍之業數能幾何官司不欲估賣撥付府學養士而姦民駔幹乃敢與罪吏陰爲表裏投托第宅百計罔占抑何尊異教而輕爲仁義者哉茲覩學申良用拂膺帖縣監尉引追元佃賈百九陳萬二日下入契還租牒學廳照元契及見扞釘畝步管業若竺珣再敢阻障解上重作施行

映字□□拾壹號湖田壹畝壹角貳拾叁步見係塡疊住基坐落廿七都鳴嶋許家庵西佃

戶王元六上米捌㪷

此項田元係王元六祖王三乙伯王萬六父王萬九塡疊成地造屋居住并埋葬墳墓年深學司王晟造弊爲王元六隱匿稱挨尋未見繼鄰至人許華孫所生梅英知其隱匿經山陰縣入詞妄占王晟懼罪方爲王元六經錢糧廳投狀□□湖田責租上米續許梅英到學入詞稱王元六假借府學冒釘田產本學牒發王元六下山陰縣理對并根究王晟造弊隱匿情罪勘杖罷逐索到許梅英所齎砧基點對係是王聖來戶四九映字壹千拾柒壹（闕十餘字）敳田職事親到地所者覈繳到保甲金萬（闕十餘字）塡疊基地見是王元六在上居住係與地鄰（闕十

（餘字）基地同是映字柒百拾壹號分曉學司（闕十餘字）其許梅英强詞妄佔不已本學具申（闕
都運季龍圖台判上項田產撥付府學（闕十餘字）府判北廳嚴督會稽山陰兩縣疾速（闕十餘字）證當
入契者監入契限十日繳一切究（闕十餘字）延請專人拘解本司重作施行仍（闕十餘字）後具因依申
府判北廳（闕十餘字）所謂王友諒戶萬六湖田基地係映字柒百拾壹號許梅英所□□擧來
戶四九湖田基地係映字壹阡壹拾捌等號戶名號數兩無干涉本學所申極爲分曉許梅
英罔官司以非其道乃欲以庵東籬內見坐業之砧基影賴庵西籬外新沒官之吏產豈理
也哉大抵產業全憑契照今本學繳到千照色色端正上項田地既有王萬六湖田自陳簿
爲可憑又有地鄰萬百五同字號干照爲可證不待委官已知王萬□之住基爲俞汝賢沒
官產明矣推原其由始因學吏作弊藏匿此號欲爲賣弄之地遂致許梅英得以乘罅起此
不根之訟然王元六若不齎出王萬六王萬九寶祐元年經倉臺訴許梅英索砧基一宗縣
案則許梅英妄訟之田亦無自而知今詳縣案許梅英曩曾誣賴王萬九甚字號湖田官司
不直梅英未幾王萬九有執留砧基之訴許梅英兩責狀在案謂不曾執留王萬九祖上砧
基向後如敢佔賴王萬九別項產業一聽官司究斷欺騙情罪即此一項而觀則是除甚字
號湖田之外王萬九別無產業與許氏交易不知許梅英今日之訟何所據而然耶切詳王

萬九當來詞訴正以其住屋基地適與許梅英所居之庵並鄰恐其它日以所執不還之砧基罔而取之也故急於執據以自安已而又以其地屬之俞汝賢俞山陰吏胥也王萬九惟恐鳩居其巢未必不借俞汝賢爲自衛之計豈料俞汝賢之籍沒也哉王元六不甘基產之歸學囑都保囑學吏但欲爲瞞官之地初不知許梅英垂涎已久反得因此以行賴官田之謀也許梅英雖一婦人素來囂訟王許兩家且爲世讎遂乘此欲奪其廬以快疇昔之志又不知佔賴官田之自戾于罪也今此項基地王萬六寶祐六年自陳歷歷可攷向使王萬六王萬九兄弟果是坐佔年久許梅英不於其自陳之時出官陳告却旋於今日將别項砧基妄行影射何耶如必欲以王友諒之產爲王聖來之產不知王萬六王萬九之若祖若父及其子王元六居此且數世矣其在許庵藩籬之外又不知其幾年矣許梅英之主許二官人在日何無一詞訴其坐佔直待許梅英今日而後訴耶況此地若果坐佔則王元六曾葬人於其上當爲盜葬許梅英不訴於王元六盜葬之時乃訴於府學抨釘之日其爲誣罔甚矣兼府學繳到都保挨排自陳草冊所載許家庵西至王元六王元六東至許家庵使果有曲折許梅英自可於此時爭執矣今辭窮理屈輒指它處之柒百拾壹號以爲沒官湖田不思俞汝賢之田正係墳疊基地係坐落鳴嶋爲佃戶者且情願入契矣許梅英尚復何辭止緣

官司向來但毀抹許梅英之僞契不曾明正許梅英之罪名由此健訟不已若更縱其挾巳出幼之子騙賴田産置而不問典憲何在拖照許梅英舊曾爭狀在案有向後不敢佔賴王元九別項産業違聽官司究斷欺騙情罪之語今又不悛恐難倖免許梅英勘杖一百封案再詞拆斷所有王元六基地牒府學一面照契管業如王元六仍前瞞減官租併當重斷申

都運使臺照會仍申諸司其許梅英又經　使府飜訴　使府下僉廳點對準　使府牒本學錢糧官索兩家干照從公點對明申續奉　使府將許梅英拆案勘杖一百未及引斷其許梅英竟行逃竄　使府監廂典根追據押到其婢福奴并教唆安歇人余四二寄禁府院監追許梅英正身未到間其許梅英徑將小學田産盡獻　安邊使所忽準　使府牒備

安邊所牒行下本學令具因依本學承準囘申後蒙　使府於禹跡寺僧房內追出許梅英正身并教唆人余四二送府院根勘情節續　使府牒備到許梅英招伏詞欵獄官書擬許梅英以庵東籬内見管業之砧基影射庵西籬外新沒官之吏産前後官司燭破姦贓屢行定斷始焉北廳府判看詳反覆辯明凡數百言極其詳盡所有僞契向來官司既巳毀抹但未曾科罪府判寛恕止從勘杖封案爲梅英者幸免受杖亦可止矣乃敢又經府飜訴再送周帥幹廳點對又再考究事原申明北廳府判所擬又極明白梅英姦詐之情既不可掩

拆案引斷夫豈爲過梅英逃罪走逸尚云可也乃敢輒經　刑部妄詞又經　安邊所獻產若只將所爭之產投獻尚可也乃敢併俞汝賢全戶沒官贍學之產盡行投獻委爲無理今巳供招在前騙詐學田之罪小不有帥府之罪大自合編置以警其餘帥府寬容更與從恕欲且照周帥幹巳擬將許梅英拆案勘杖一百再敢囂訟不巳却與重作施行仍牒府學照契管業余四二乃府城譁徒爲許梅英羽翼前後誣妄越訴皆其嗾使不欲盡情根究欲且從輕勘杖六十放奉　安撫集撰揚侍郎台判許梅英不伏官司所斷潛地逃遁又敢妄狀將學田投獻尤爲可怪今來追到合與編置以警譁徒姑從輕典並照僉廳所擬行本學再具因依申　都運提學使臺奉

都運祕撰季大卿台判越爲今南陽學校視昔尤盛　宸翰昭回冠冕東州惟　先朝碩輔杜晏韓富司馬諸賢皆有後于是邦而貧無以教教授陳迪功景行建請置小學弟子員擇儀狀之端正者得數十人聚而教之而無所乎廩適山陰縣吏俞汝賢得罪邸第簿錄其家而田歸于郡郡不有其有撥以肄學小子有造於是乎賴亦既伐石鐫記矣實今　國史宮庶左史留公爲之屬筆自謂可與此學可以相爲無窮不料縣民許氏蕩婢梅英者恃其頑訟乃將其雇主祖上無干預之砧基妄亂占認前後官司察其□□處斷瞭然彼不自知

罪乃敢埋頭投獻　安邊使所使其止獻所爭之產猶云可也乃併俞（闕數字）沒官贍學之業盡行投獻不知於許氏何關耶君子可欺以其方難罔以非其道若（闕數字）詞可謂罔非其道矣　使所未詳其故是以行下諸司審究今本學既已具申而□（闕數字）司又各備所斷因依回申　使所決不聽一潑婦無稽之言而廢（闕數字）教養已成之規許梅英取非其有上罔　天臺而縣吏俞汝賢因罪被籍又豈應陰（闕數字）以與學校爲敵此風甚不宜長其田實當職守越時所□今茲將漕得（闕一行）之賜案備本學（闕二十餘字）提刑司委官嚴（闕二十餘字）出魚鱗圖冊帖委紹興府比較趙迪功（闕二十餘字）名鳴嶋許家庵側王元六所居屋基地上喚集保（闕十餘字）鱗圖再逐一比證責供剖析事情見得梅英之不□□□□□云云僉廳點對□奉

權提刑知府安撫祕撰李大卿書判學田自係映字柒百壹拾壹號許氏業自係映字□□壹拾柒號何相關學田在庵西籬外許氏業自在庵東籬內何相混近年湖田不憑自陳簿□證許梅英昨在官供責謂不曾有今忽賫庵內自陳簿來何從得且自陳簿內謂不曾有映字柒百壹拾壹號是許氏元無此業也今又安得而妄占耶許庵自陳簿四至曰西至王萬六田□云西至王萬六田則許庵在王萬六田之東王萬六田在許庵之西明矣今又安

得指東作西耶向但以未經委官地所指定打量爲辭今趙比較親到地所指定矣打量矣又何説學校乃禮義所自出之地無緣以不曾沒官之產利寸地撮租之入以與奴婢下人角勝負許梅英亦豈應以一潑婢而乃不顧非理出爲辯强以與學校爲敵可謂無忌憚甚矣今茲所委官指定既詳僉廳所點□尤明覽之者曲直是非不待辯而知本府何容贅辭但許梅英勘杖編管雖當其罪猶曰爲其主也可與封案余四二挾潑婢以抗學宮違教唆以紊官府是烏可亦與封案勘杖壹百編管鄰州少爲事不干已教唆把持者之戒仍申安邊所照應本司已將許梅英勘杖編管責狀封案及將余四二照斷編管台州所有元案本學已　申使府備給公據訖茲不盡載

容字貳百貳拾號湖田叁角叁拾捌步叁寸

映字玖百柒拾壹號湖田壹畝叁角貳拾步

容字叁百肆拾肆號湖田壹畝貳角貳拾肆步兩項並坐落廿七都鳴嶋佃戶金九二共上

米貳碩柒㪷

映字壹千肆拾貳號湖田壹畝壹角肆拾叁步貳赤伍寸

映字壹千叁拾壹號湖田壹角叁拾貳步兩項並坐落廿七都鳴嶋佃戶金千念二上米壹

碩

旌善鄉

隨字肆百捌拾貳號水田肆畝壹角壹拾陸步迁出東邊貳畝壹角壹拾陸步坐落三十三

都湖溇井佃戶趙曽三倪慶二倪九乙共上米貳碩捌㪷

入字壹百貳拾肆號水田叁畝貳角叁拾貳步坐落三十三都瓜田佃戶陳曽三上米壹碩

伍㪷

受字壹百柒拾號水田貳畝壹角伍寸坐落三十三都黄家池佃戶沈文乙上米壹碩

新安鄉

逐字　　號水田壹畝貳拾步坐落三十九都江塘佃戶孫千七上米陸㪷

疲字叁百伍拾陸號水田叁畝

疲字叁百肆拾貳號水田壹畝貳角貳拾陸步

疲字叁百肆拾叁號水田壹畝壹角叁拾貳步

叁項並坐落三十九都江塘佃戶孫千七楊六乙共上米肆碩柒㪷

滿字叁百叁拾肆叁百叁拾叁號水田貳坵計貳畝壹角壹拾壹步

滿字陸百肆拾叁號水田貳畝壹角兩項並坐落三十九都唐家橋佃戶[闕]

疲字伍百柒拾貳號水田貳畝坐落三十九都江塘佃戶楊六乙上米壹碩[闕]

守字陸拾叁號水田貳畝貳角貳拾叁步坐落三十九都江塘佃戶傅亞[闕六字]㪷

疲字　號水田貳畝坐落三十九都江塘佃戶朱百十乙上米壹碩陸㪷

疲字　號水田壹畝壹拾貳步坐落三十九都江塘佃戶朱百九上米捌㪷伍升

疲字叁百肆號水田壹畝貳角壹拾伍步坐落三十九都江塘佃戶朱十七上米壹碩貳㪷

安昌鄉

帳字伍百玖拾捌號水田壹畝壹拾肆步

帳字伍百玖拾柒號水田貳角

帳字陸百叁號水田壹角伍拾陸步

對字貳百貳拾肆號水田壹畝肆項並坐落四十四都湯嶴佃戶袁九七上米捌㪷

瑟字　號水田貳坵共伍畝零坐落四十四都馬鞍寺後佃戶徐敬之上米貳碩叁㪷

內字壹千叁百號水田貳拾叁步坐落四十四都　佃戶談曽五上米

清風鄉

鍾字壹千壹百伍拾陸壹千壹百伍拾柒號水田壹角陸步佃戶李成三上米壹㪷

聚字肆百伍拾捌號基地并園地貳段共壹畝肆拾叁步貳赤見開作田坐落四十七都

佃戶孫貴五上米

越學職事六員例以貢士充其選此一定不易之良規也景行□以菲材預聞學校之事規矩必繇正錄錢糧必繇直學糾彈專糾正之責而出納之吝司計實司之體統正而綱紀立剗削蠹弊漸見條理而任此六職者又貢士之賢且能者也　大帥厚齋季先生撥山陰縣吏俞汝賢檢籍之產以贍小學奸胥與頑佃爲道地紛紛有詞據契要以覈其實非得明敏廉勤之士莫能辦糾彈王多吉司計朱發學諭朱遜伯躬行阡陌窮冬沍寒不避艱阻援正誼以杜私謁考覈悉出於公而學正劉瑞祖學錄任發直學劉瑞麟王應漕則一以公議裁定之得湖田水田并地二百三畝有奇其所以欽承　賢師帥扶植小學之美意二三子之功□多景行既紀其事復刻諸碑陰以垂不朽

按宋史職官志國子監小學置職事教諭二人掌訓導及考校責罰學長二人掌序齒位糾不如儀者外郡既仿京師建置小學亦必依其規制別設師儒故記有延禮教諭之語

而學諭朱遜伯所以不在職事六員內也史忠定浩置義廩田二千餘畝在乾道戊子歲至是又增田二百餘畝以贍小學想見宋時賢牧守造士之盛其是年知府事者爲季鏞字季韶龍泉人嘉泰二年進士厚齋蓋其別號寶慶志載鏞於景定三年十二月擢兩浙轉運副使以去碑陰所稱都運祕撰季大卿者即鏞也所稱安撫集撰楊侍郎者名瑱以集英殿修撰知府事即代季爲守者也碑乃通判方某所書乾隆府志因其漫漶不加細審遂以通判爲留夢炎補入職官郡佐門且以記稱鏞爲大帥者辨爲太師皆屬謬誤夢炎字漢輔衢州人淳祐四年進士第一仕至左丞相棄位而逃後降於元爲翰林學士承旨碑中署名二字與上下筆法不類當是親書者至碑陰載季守判語有曰伐石鐫記實今國史宮庶左史留公爲之屬筆留即夢炎似景行此記乃留所代撰者抑留別自有記而碑不存歟判語又有曰先朝碩輔杜晏韓富司馬皆有後於是邦攷先祁國正獻公卒葬宋城迨孫曾輩南渡來浙或歸紹興或寓松江今兩派爲最盛韓氏則資政殿學士肖胄兄弟富氏則端明殿學士直柔司馬氏則吏部侍郎伋俱先後定居於越見於紀載惟晏之後無聞云

傳忠廣孝寺碑 碑高一丈四尺廣七尺二寸額篆書皇帝御書四字二行陽文徑六寸碑大字二行正書徑三尺居中小字一行徑二寸

傳忠廣孝之寺　賜傳忠廣孝寺　御書之寶

按寺本名雲門唐改拯迷宋改淳化元虞集雲門寺記云咸淳中宋且亡廣勤居之勢家奏爲墳寺更曰傳忠廣孝之寺據此則寺碑乃度宗所書而明以來郡邑志俱以爲高宗所書但高宗果有改額書碑之事嘉泰志何以不詳而仍稱淳化乎蓋紹興十八年咸淳四年皆歲在戊辰因而致誤當以虞記所載爲得其實惟廣勤乃紹興間僧即陸務觀爲作瀟亭記者此則虞記之疎舛也又方以智物理小識載陸游曰雲門山有宋高宗硃書傳忠廣孝之寺每雨硃流而紅不加減不知何故余檢放翁筆記並無此條殆方氏誤記即如所言亦俗僧侈上所賜以硃塗之其風至今不改此獨神其說以誑衆耳

呂崇簡等題名 刻高三尺廣一尺一寸四行行八字正書徑一寸二分

壬申年季春郡府修

夏祀於南鎮奉禮郎

呂崇簡□省校讎陳

後闕

按有宋一代遇壬申者凡五一太祖開寶五年一哲宗元祐七年一高宗紹興二十二年一寧宗嘉定五年一度宗咸淳八年太祖時吴越未入版圖且此段刻在元祐朱士美等題名字上非開寶可知然與朱士美等若相隔僅閲數年不應便加磨毁則亦非元祐矣况既稱郡府當在紹興升府之後雖州額向書越州大都督府似可通稱終以南渡後爲得其實至高寧度三朝亦難臆定今置於宋末宋史禮志以立夏日祀南鎮會稽山是年立夏尚在三月故云季春修夏祀也

趙與陛題名刻高一尺九寸一行隸書徑二寸五分

會稽令趙與陛來遊男孟握侍

按與陛嘉興人寶慶二年進士孟握紹定二年進士俱見嘉興府志攷宋史宗室世系表與陛爲燕王德昭九世孫也

賓山題字刻高一尺四寸廣三尺六寸横列隸書徑一尺六寸

松𡺸

按此刻無年月名氏但賓山宋代殯宫所在入明已爲禁地其非明人鐫鑿可知攷宋陳世崇隨隱漫錄松𡺸乃宋遺民吴大有别號大有字有大嵊人寶祐間入太學升上舍以

詞賦有聲率諸生上書言賈似道姦狀不報遂退處林泉與林昉仇遠白珽等七人以詩酒相娛時比竹林七賢宋亡返剡元初辟爲國子檢閱不赴泰定間卒年八十四見府縣志隱逸傳迹其文章意氣亦好事者流二字當爲所題無疑也

岣嶁碑

碑高一丈一尺七寸廣五尺六寸文六行行十三字徑五寸 釋文正書徑一寸二分跋八行行七十字正書徑一寸五分

承帝曰咨嗟翼輔佐卿
水洲處渚與登鳥獸之門
參身魚洪池流而明發爾
興以久此旅忘家宿岳麓
庭智營形折心罔弗
辰往求平定華嶽泰
衡宗疏事裒勞餘伸

禋 鬱 [illegible] 塞 昏 徒 南 暴 瀆 昌 衍

言 亨 衣 制 食 備 萬 國 其

寧 鼠 竄 舞 蒸 永 奔

大侍御對川公按節越中以大禹聖德神功照在萬世而歷代精禋崇報剏越衣冠圖書所瘞廟貌弗葺寧非省方守土者之責當命走羣工而圖新焉卜庚子九月肇事至辛丑秋冬之交告成緅殿丹垣左右廊序晻映於崇山峻嶺古木蒼松之表巋然偉觀以答在天之靈□□羣情河洛無窮之思無錫安如山以司徒郎調越司農浦江周鳳岐以節推實董其事明道乃守是邦互考外志禹初被命治水刑白馬禱於衡山精通而神應偶夢與蒼水使者□□□簡金泥悟疏導條濬之方九年於外衆流底定用錫元圭以有中夏立石紀功於衡山岣嶁之巔以酬神貺唐韓子有靑字赤石之韻亦徒托之想慕宋朱張大儒每恣討求六一□□漁仲金石集俱以不得爲恨近衡山土裂而古碑出焉考之字畫奇崛萬狀又非先農垂露魯壁科斗穀函玉筯諸篇可及信非隆古之作不能也前修撰西蜀楊公愼精繹其

義大口海南湛公若水復備其說勒石新泉書屋如山暨同知金淳通判葉金知縣許東望疇曰禹之跡莫顯於越龍門以往次之紀對川公戎功而臨以古碑鎮焉當與廟穴相輝永示無極載稽宋孝宗庚子歲大水廟圯重建辛丑鼎成今廢興時序適與之符果氣數特啓我公而神禹在天亦有所待耶事亦偉矣宜併勒之楚人張明道謹跋　對川姓王氏名紳字口錫巳丑進士古滄州人

嘉靖二十年辛丑十二月朔立石

按碑凡七十七字乃是宋嶽麓書院本然止從明刻重摹非由宋碑覆刻故附於宋末不復歸嘉定初刊時代焉碑在禹廟前北向有亭覆之其釋文從楊升菴有兩存者則兼採沈鑑說也張明道湖廣羅田人推官周鳳岐福建浦城人跋誤書作浦江岣嶁碑山陰佑聖觀亦有石刻乃周鳳岐與通判葉金所勒字體悉同今收入續記茲不重載惟此碑平字巳泐據周本補之

免秀才差役聖旨　碑高八尺一寸廣三尺六寸額篆書皇帝聖旨四字二行徑五寸碑分二列上列蒙古國書九行行字不等徑六分左行下列漢字八行行二十字正書徑一寸三分

寶

長生天氣力裏

大福廕護助裏

皇帝聖旨據尚書省奏江淮等處秀才乞免雜泛差

役事准奏今後在籍秀才做買賣納商稅種

田納地稅其餘一切雜泛差役並行蠲免所

在官司常切存恤仍禁約使臣人等毋得於
廟學安下非理搔擾准此
至元二十五年十一月　日

阮元兩浙金石志世傳元季待士最薄至有九儒十丐之目讀此碑知其爲不然當時諸學皆有今所傳惟此耳

按廟學典禮至元二十四年閏二月尚書省已奏請江南新附去處在籍儒戶除納地稅商稅外一切差徭並行蠲免咨仰行省欽依施行至是年八月十八日又復奏請故有此旨蓋恐有司奉行不力必欲特頒明詔以重其事爾碑上列爲蒙古字皆就漢字對音書之（至元三十一年詔書亦同）

重建紹興廟學圖（碑高八尺三寸廣四尺二寸額楷書重建紹興廟學之圖八字四行徑五寸）

環碧　教授東廳　街

公廚

芳潤　義廩　養蒙齋　達道齋　客次

司計

賓序　東行廊　祭器庫　席珍齋

書庫　并　登賢齋

稽古閣

明倫堂

陳宣慰祠　吳監簿祠

大成殿

從祀廊　從祀廊

從祀廊　從祀廊

從祀夾廊　從祀夾廊

大成之門

泮池　掌儀正錄

泮池　舊職直學

學門

采芹

泮橋

櫺星門

學前空地并田

先賢祠　直舍

教授廳

觀善齋

西行廊

知性齋

公廩

浴室

由義齋　育德齋

街

碑陰高八尺九寸廣四尺二寸分五列第一二列俱三十六行三列二十九行俱行十八字四列二十五行五列二十八行六列十九行又年月題名三行行字俱不等正書徑一寸

至元壬辰重定學式

春秋釋奠

國家之中祀學校之重事儀文久漸慢弛今自

散齋執事者會掌儀所以行事前二日

習儀前一日滌濯陳設是夕遂宿齋諸

儒生並集于學戒無得群飲獻官及陪位官以子時畢至質明行禮執事者各弁服佩舄如儀儒生各深衣巾履以齒班立于大成殿下小學生居後贊者引獻官立禱位執禮者與糾彈先再拜升階東西立唱闢戶請初獻官視陳設復位次唱獻官以下皆拜鞠躬拜興拜興平身俱以聲盡爲節次唱執事者各祗乃事祝升自西階餘自阼階贊者引初獻官行禮詣盥洗爵洗所升階詣酌尊所酌犧尊之泛齊詣

先聖先師前再拜焚香進幣奠幣進爵奠爵讀祝奠版俛伏興再拜配位亦如之復位立久跛倚敬心懈怠故免初獻再升降引亞獻終獻詣酌

尊所酌象尊之醴齊詣

先聖先師前奠爵拜興如初禮次獻從

祀俱㠯諸司存官爲之執禮者唱初獻

官詣東序飲福受胙次唱執事者各復

位飲福受胙者不拜餘皆再拜拜興如

前儀祝升與司幣至瘞次唱闔戶禮畢

出廟門外獻官以下與執事者相向序

立中庭諸儒生環立廡外圓揖退

禮成飲酒

祭餘徹牲物屬庖人治饌錄事司官主

之設席明倫堂日午獻官及諸司存官

儒司儒學官正錄㠯至鄉之有齒德者

預茲席大官從以僕隸二人餘各一人

上司預爲約束必令整肅使路司縣之

習爲吏者雁行立行酒執炙一人唱而
進退之諸齋各分給胙肉酒米長諭選
集正自治觴豆以成禮

旦望殿謁

黎明諸生深衣入學聞皷班立殿下執
事者東向立賛者請行禮班首就𥩲位
執禮者與掌儀先再拜升階東西立唱
鞠躬拜興拜興平身俱以聲盡爲節次
唱執事者各祗乃事賛者引班首詣盥
洗爵洗所升階詣酌尊所實酒詣
先聖前跪焚香進爵三祭酒俛伏興復
位執禮者唱執事者各復位鞠躬拜興
如前儀禮畢殿下東西立圓揖退

旦望　講書

殿謁退升明倫堂諸司存官與鄉之有
齒德者列坐諸生從其後大小學生班
立推一人唱揖平身鳴鼓請講書朔旦
教授升講座望日正錄輪講別位于座
之西口演經旨不用講義文字講畢大
小學生籤講所習四書命題課口義及
詩對定其優劣以示激厲

大小學

初待郎季公鏞帥越㠯田若地二百餘
畝隸于學教育小學生員時侍郎陳公
景行典教實主其事迨今三十餘季名
存實廢儒家之子弟或制於力棄而他
習至元辛卯
廉訪分司命復設養蒙齋於東廡俾儒

人及凡民之俊秀八歲以上入小學給
早晚饍選才堪模範者二人教之月廩
各米壹石來學者具束脩貧不能致者
勿强日講授朱文公集註四書小學書
等成誦覆說課以口義詩對書用顏字
爲瀘正錄𠮷時程試而察其勤惰季十
五以上者入大學即觀善齋請正錄一
人日講授四書諸經史課以講義經賦
所業小學生季及學進者升大學學無
成而不率教者罰甚者黜進德脩業者
視其優劣而表勸之

行供

旦望諸儒生會食於學餘日教授正錄
諸齋長諭及諸儒生季老或家貧與無

仁者升堂會食大小學生于各齋長
諭先泣書姓名而正錄時糾其冒濫日
輪儒生二人各於所隸齋温習故書其
齒德尊於鄉者勿勞以筋力月廩給之
客供
遠方士友及游學者亦升堂會食館以
齋房寢息之具時加點檢既不限其來
而有故遲留及貧未有依歸者去住亦
從其便
錢穀出納
錢穀會計直學掌之教授及正錄同署
文厤前是弊倖若租入之折納田額之
減落今漸釐正遇公支則直學擬議正
錄點對教授署支使無得以私意出納

每月課

孟月課經賦仲月課論季月課史評務
欲近古革時文之流弊諸齋長諭程督
課册納正錄然後教授考校合格姓名
揭示以其所課登諸册

春秋諸邑會課

所屬凡八縣縣學各有月課路學於春
秋二季以經賦命題下各縣學合衆長
而拔其尤凡在籍儒生以時納課縣學
繳申路學教授與正錄分校優劣取放
合格姓名下縣學揭示抄其前列者申
上司以備采擇

諸儒協助起造

大成殿

塑像 臺座 細蓋 甎壁 甃砌 牕戶 朱漆 丹青 遮暘

儀門（已下空格碑俱提行） 講堂 稽古閣 從祀左廊 從祀右廊 從祀東廊 從祀西廊

左夾廊 右夾廊 左過廊 右過廊 講堂左廊 賓序 書板庫 達道齋 知性齋 觀善齋 登賢齋 由義齋 席珍齋 育德齋 養蒙齋 本學裝折 書案 地板王

本學起造

學門 三間

朱門六扇 細蓋 甎壁 灰漆 丹青 護靜 門環

學門左右廊 二間

采芹亭 細蓋 丹青 油飾 甃砌

櫺星門（已下空格碑俱提行） 側門 東西兩牌軒 公廩十三間 公廚九間 祠堂五間 直舍四間 講堂右廊八間 講堂左廊一間 從祀東夾廊一間 從祀西廊一間 閣前廊六間 芳潤亭 廊下左右地面甎石甃砌 井亭 漏 繫馬屋 泮橋 杏壇墻 櫺星門墻 射圃墻 學墻周圍 河岸石砌

教授廳

教授東廳

義田廩

從祀廊

畫像　簾　遮暘　甎砌地面　闌干

祭器新添

陶器

簠四十　簋四十　犧尊四

象尊四　大尊四　壺尊九

山尊五　著尊四　罍洗壺盤各一

竹器

籩五十　篚十二

木器

俎五十朱漆　燭臺六十四　滌器桶二

祭服冠履新添

冠十　簪十

衣六　裳六

蔽膝六　銅佩十二貫以玉珠

圭六　革舄十七緉

舊佩新珠貫

器用 新置

堂上長卓十隻　長凳十隻

廊燈三十　掛燈新添十絹衣

至元癸巳良月教授金楙立石命工刋時

正錄陳震可周鱗昇杜自昭

直學夏君賚王膺

按是圖不著年月韓明善重修大成殿記有云至元壬辰撤而新之今碑陰實刻壬辰學式則爲爲至元二十九年所建也陳宣慰名祐至元初殉寇難於新昌吳監簿名孜胡安定瑗弟子宋嘉祐間捨宅爲學後學中立祠至今春秋祀之王梅溪題其祠曰右軍宅化空王寺祕監家爲羽士宮惟有先生舊池館春風長在杏壇中卽謂此也教授金楙正錄陳震可周鱗昇杜自昭乾隆府志俱未載

崇奉孔子詔 碑高八尺一寸廣三尺六寸額篆書皇帝詔書四字二行徑五寸碑分二列上列蒙古國書二十九行字不等徑六分左行下列漢字十八行行二十字惟第五行二十一字正書徑一寸四分

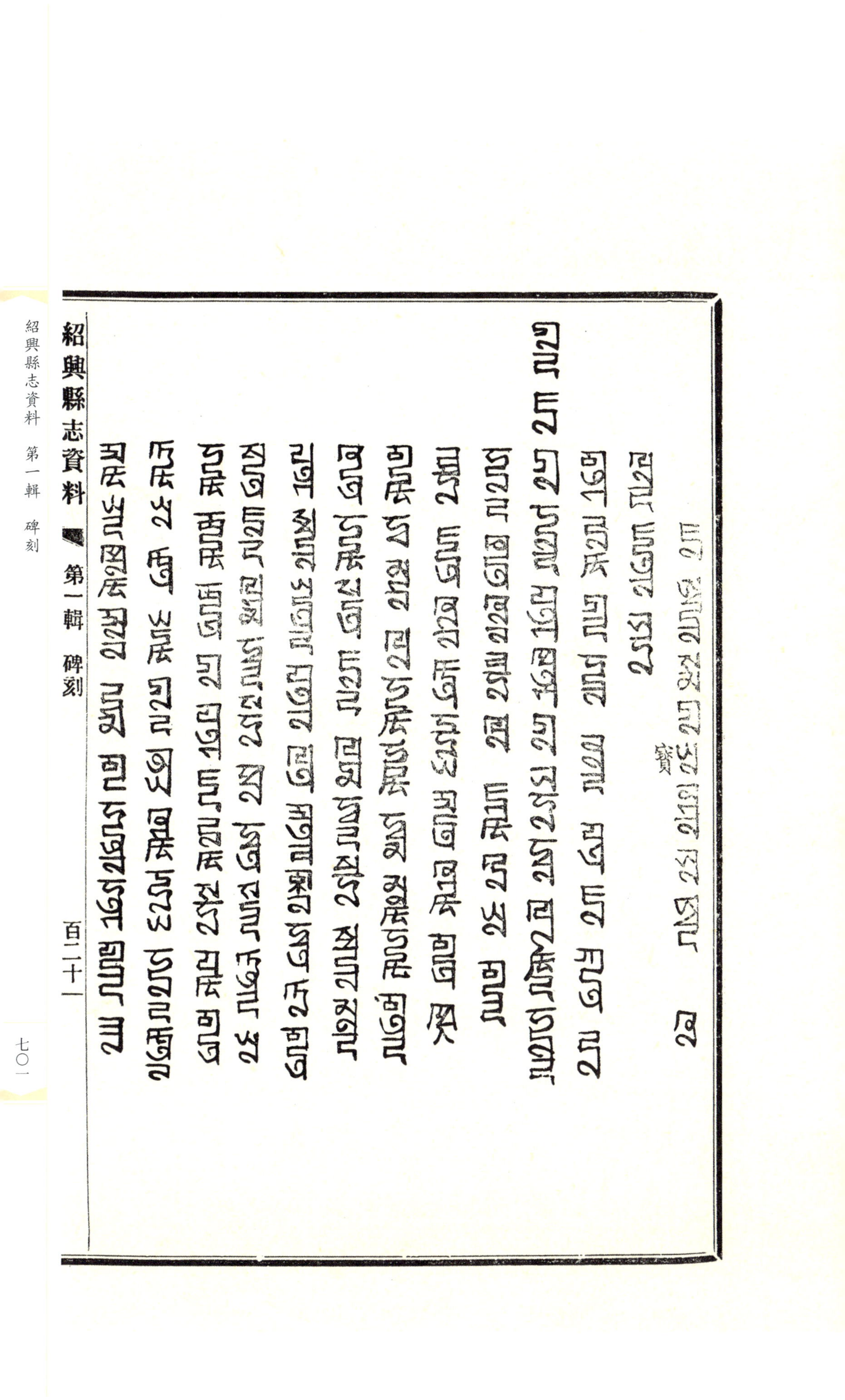

寶

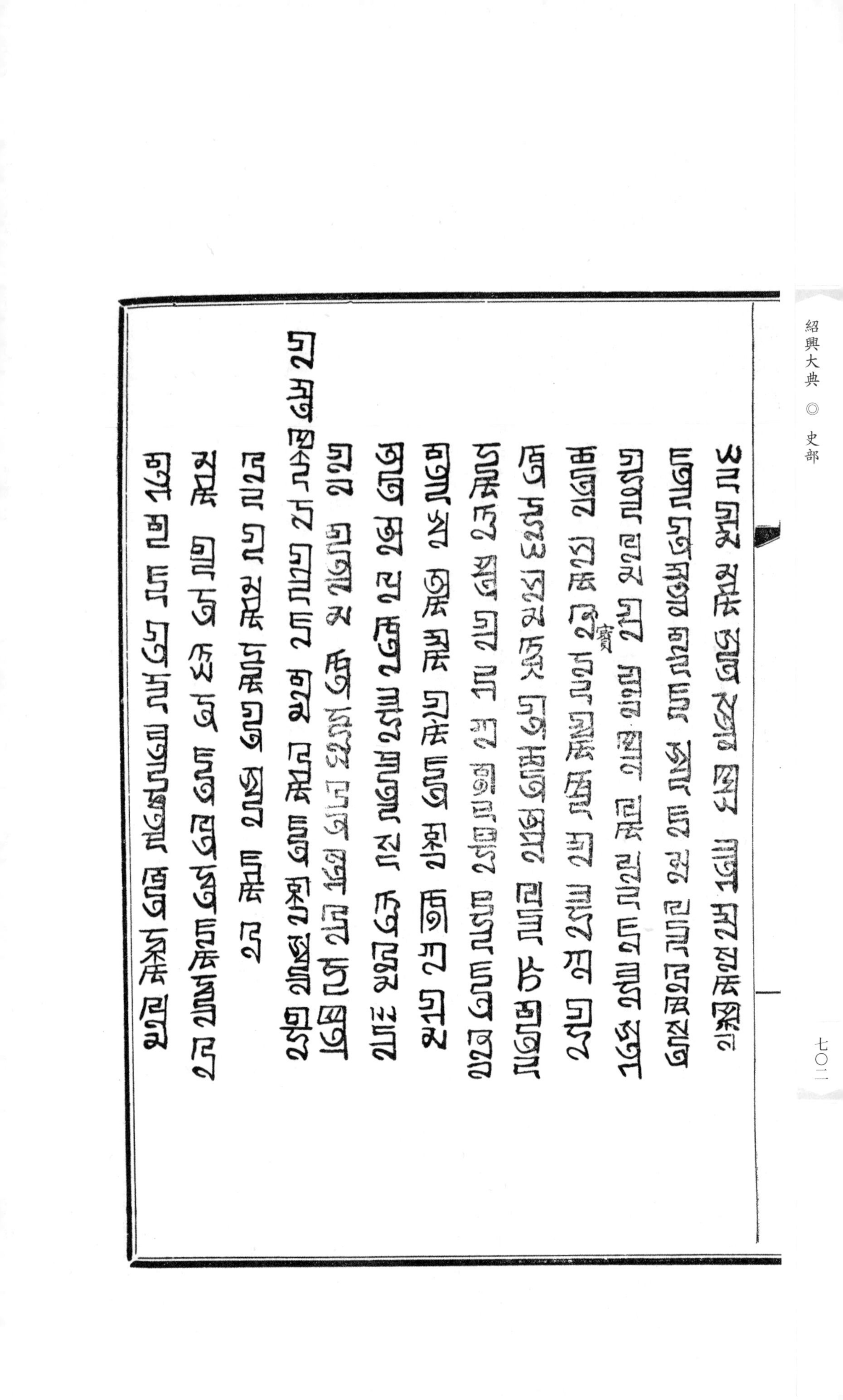

上天眷命
皇帝聖旨諭中外百司官吏人等孔子之道垂憲萬
世有國家者所當崇奉曲阜林廟上都大都
諸路府州縣邑應設廟學書院照依
世祖皇帝聖旨禁約諸官員使臣軍馬毋得於內安下
或聚集理問詞訟褻瀆飲宴工役造作收貯
官物其贍學地土產業及貢士莊諸人毋得
侵奪所出錢糧以供春秋二丁朔望祭祀及
師生廩饍貧寒老病之士爲衆所尊敬者月
支米糧優卹養贍廟宇損壞隨即修完作養

後進嚴加訓誨講習道藝務要成材若德行
文學超出時輩者有司保舉肅政廉訪司體
覆相同以備選用本路總管府提舉儒學肅
政廉訪司宣明教化勉勵學校凡廟學公事
諸人毋得沮擾據合行儒人事理照依已降
聖旨施行彼或恃此非理妄行國有常憲寧不知懼
宜令准此
至元三十一年七月　日
按元史成宗本紀至元三十一年七月壬戌詔中外崇奉孔子史不載其文即此詔也元
典章及廟學典禮二書俱載之
加封五鎮詔碑高六尺廣三尺一寸額篆書皇帝詔書四字二行徑四寸詔十行行二十二字正書徑一寸五分
上天眷命
皇帝聖旨三代以降九州皆有鎮山所以阜民生安地德也五嶽四瀆
先朝已嘗加封唯五鎮之祀未舉殆非敬恭明神之義其加東鎮沂山爲元德東安王南鎮會

稽山爲昭德順應王西鎭吳山爲成德永靖王北鎭醫巫閭山爲貞德廣寧王中鎭

霍山爲〔崇〕德應靈王仍勅有司歲時與嶽瀆同祀著爲定式故兹昭示想宜知悉

大德二年二月　日

碑陰 高五尺八寸廣二尺八寸二十一行行四十字正書徑一寸二分

會稽寔維神禹會侯計功之地周職方氏列于鎭山之一南方諸山雖大且衆莫敢與等

夷隋開皇間卽山創廟歲以迎氣日一祭唐始封永興公宋進封王爵載在祀典有自來

矣洪惟

聖朝受

天景命咸秩百神嶽瀆以序並膺顯號迺大德二年春二月

詔有司復脩五鎭之祀於是南鎭會稽山加封爲昭德順應王歲時與嶽瀆同祀著爲定式

特命

御位下必闍赤扎剌兒那　朝列大夫御史臺治書侍御史冀德方馳驛

頒賫

御香貯以白金香奩

中錫竇旛用昭

殊寵仍給楮券以勞酒掃祠下者三月癸丑欽奉

詔旨行事而奉直大夫江浙等處行中書省左右司員外郎喬簣成以終獻相明祀文武僚吏

駿奔在列牲酒豐潔籩豆孔嘉禮肅樂和神用顧享也先帖木兒等叨分郡寄幸預

盛典嘉與邦人士若民鼓舞

綸音之下豈特山川草木衣被

昭回之光而已敢拜手稽首奉

詔書刻諸堅珉以對揚

聖天子之明命而紀其事於碑陰云承務郎紹興路總管府推官傅汝霖承直郎紹興路總管

府判官馬良奉議大夫紹興路總管府治中朱端義奉議大夫同知紹興路總管府事沙

不丁通議大夫紹興路總管兼管內勸農事忽哥兒昭勇大將軍紹興路總管府達魯花

赤兼管內勸農事也先帖木兒謹記

按元文類載此詔係王構代言其文不同則此乃初降之旨未經儒臣潤色者南鎮自唐

天寶中始封永興公宋政和三年封永濟王金明昌間亦封永興王遥祭於河南府元時

嶽鎭海瀆代祀分五道每道遣使二人集賢院奏遣漢官翰林院奏遣蒙古官出璽書給驛以行此當時定制也必闍赤乃掾史之流元史百官志中書省斷事官定置御位下及諸王位下共四十一員其吏屬有必闍赤二人此云御位下者蓋御位下斷事官之必闍赤也選舉志載中書省必闍赤例得正從五品遷除而是時治書侍御史官止從五（大德十一年陞爲正二品）必闍赤雖掾屬其出身亦與治書相埒且係蒙古故同奉使不爲嫌也（總管忽哥兒乾隆府志作忽計兒誤）

宣慰陳公祠堂記（碑高七尺五寸廣三尺八寸額篆書故宣慰節齋陳公祠堂記十字五行徑三寸八分記二十四行行四十五字正書徑一寸）

故宣慰節齋陳公祠堂記

前進士俞浙譔

奉議大夫江西湖東道肅政廉訪副使臧夢解書承直郎江南諸道行御史臺監察御史門人李仁篆蓋

評論人物之道不當但核其事而當洞察其心心何有哉仁是也仁何物哉公理是也人惟公理存心則理重於我以我殉理雖易生而死可也一或私意間之則我重於理以理殉我雖三綱淪九法斁弗顧也昔夫子稱殷有三仁而不輕以仁許令尹子文及陳文子

者正指其心之所在也三仁生死不同而心同於爲殷我無與焉故曰仁彼子文心乎楚而不心乎中國無王也文子心乎身而不心乎君無上也天下寧有無王無上之人而得謂之仁乎哉由是推之故宣慰使陳公之死於婺寇也其事固可悲其心不幾於殺身成仁而無求生以害仁者乎公諱祜字慶甫號節齋趙郡寧晉人至元十四年丁丑冬公以淛東宣慰來旬境內抵新昌新昌鄰境婺之玉山也玉山多悍夫先有欲逞悍於一使者呼儔五百餘輩約便道爲邀寇計風傳來期適與公相値邑人亟白公曰寇鋒必鋭姑少避之公曰吾以宣皇靈慰民望爲職不幸遇寇弭之可也避之可乎縱吾可避如百姓魚肉何不負

朝廷羞使節乎况寇亦吾民也吾將道

天子德意志慮昭示利害禍福使知向背以盡吾職無愧吾心而已即留止縣治翼旦左右白寇至公肩輿招諭罄囊橐勞之寇認爲前使者喧呶洶涌不復聽命擁衆直前公遂死焉寇徐覺其誤驚駭鳥散嗚呼公以赤子視寇寇不以父母視公公爲寇特開生路寇乃納公於死事之倒施有如是者天乎命耶天乎命耶或疑公此舉可以死可以無死死殆類於傷勇矣吾謂此說者但以事之成敗議公非以心之公理知公也公倉猝遇寇武備不

及設文誥不及施自常人處之肝碎膽落奉頭鼠竄惟恐不速公氣宇雍容詞意惻愴上

念

國恩下慮民生毅然隻身橫當衝雖事執蹉跌卒能殉理以死吾竊意英魂陟降猶以不克竟其大勇自恨尙何傷勇之有則凡低回太息仰天俯地不滿於公之一死者固公之所憫笑而麾斥者也烏足爲知公之心事哉吾固以爲公之死根源於此心之公理深有合於吾夫子殺身成仁之義非天下烈丈夫能爾哉公既死邑人壯而祠之閱廿有三載庚子邑令王光祖求文爲記固辭不獲囙爲發明其心事以表見於當世且取屈騷數語隱栝以歌之歌曰出不入兮往不返平原忽兮路迢遠帶長劒兮挾秦弓身雖死兮心不懲凜壯節兮神以靈魂魄毅兮爲鬼雄若其歷官行事無繫於新昌者茲不載大德四年六月望日謹記

按萬歷府志宣慰有祠在新昌縣城且求記者乃其邑令則碑當在新昌不應在府學及攷至元紹興路廟學圖始知明倫堂左亦有宣慰祠疑碑本刻於郡城不及運往就學祠中立之今則祠廢而碑存耳宣慰素與王惲秋澗善歿後不蒙䘏典惲上狀申明其事又撰哀辭及神道碑具載秋澗集中元史本傳稱贈推忠秉義全節功臣江浙行中書省左

丞封潁川元史作河南誤据元偃師縣陳氏先塋世系圖碑改正郡公諡忠定今碑不詳蓋其事尙在作記後也臧

夢解號魯山慶元人元史有傳

開元寺首楞嚴神呪幢刻高六尺七寸六面面廣一尺五分前四面各八行行六十二字後二面分二列上列記各九行行二十字下列呪各八行行四十二字俱正書徑一寸

大佛頂如來密因修〔證了〕義諸菩薩萬行首楞嚴神呪

〔呪文不錄〕

□□按會稽志及圖經所載後唐長興元年

□□武肅王奏以節度使董昌故等造寺□

□□□□貫他刹又本寺記云其內也門闉

對開□□也澄波帶遶建炎庚戌例遭煨燼

以致寺前河步及四圍基地皆爲居民占住

年遠至元二十□年及至元二十七年欽奉

聖旨已復舊基後□至元二十九年內欽奉

聖旨節該行宣政院官奏蠻子田地裏有的但屬寺

院褰的田地水土□□亡宋的根脚先生秀
才富戶每隱□的□官人每分□回付與了
的田地水土如今再爭有這般奏將來有那
般奏來在先□屬寺院襄田地水土回付與
□□□如今那般的呵不揀是誰休爭者道
來這般宣諭了呵爭的人不怕那欽此今於
舊界河步塔基地上重建法幢端爲祝延
聖壽萬安皇圖鞏固民康物阜雨順風調願
佛法久住世間使羣品正信不斷　歲次辛丑
大德五年九月庚申開元寺僧守模等衆立
按寺院石幢多刻尊勝陁羅尼經此獨書首楞嚴呪頗剝蝕難辨故乾隆府志誤以爲陁
羅尼幢也題記載至元二十九年聖旨蓋蒙古語以俗語譯之未經儒臣潤色者
紹興路增置義田記碑高七尺八寸廣四尺額篆書紹興路增置義田之記九字三行徑三寸四分記十七行行四十字行書徑一寸二分
懷遠大將軍潭州安撫副使曾鋼撰

集賢直學士朝列大夫行浙江等處儒學提舉趙孟頫書

少中大夫浙東海右道肅政廉訪使梁國華篆額

越之有義廩自忠定史越王始蓋必賢者之後喪不能舉女不能嫁然後賙之將使爲善者有所勸規式井如也其後好義之士遡源衍流田益加增凡所給助壹出公論他費亦惟成規是眡由是歲有餘積鄉大夫之提其綱者又能充拓前人意接踵成之有羨無斁稟儲遂倍於初越之人實嘉賴焉歲久弊滋或指上腴爲閒田或耕者逃徙湯不訾省或胥徒相與爲奸利而潛損其故額者過半給助既多不盡覈其實而他費且益浮非惟力不能買田以加益而貧者顧不被其賜比歲稍議更張會汴梁劉侯來揔府事問民疾苦之暇首詢顛末鏡見弊端乃闢閒田復故額汰濫予撙浮費積羨米陸伯餘石收其直得楮劵五千八百餘緡擇山陰會稽之良田酬以善賈爲畝壹伯柒十有奇登其數于籍俾職出納者庀司之又以其副庋藏于府猶以爲未也則刻之石使不至湮沒以無負先賢創義之良規鄉人聞其事而相語曰義廩蠹敝極矣非劉侯見義勇爲舊租以復新畬以增則虧其半者將至於盡虧而助其乏者將無以爲助仁哉劉侯之用心也昔范文正公嘗置義田嫁娶凶葬皆有贍世以爲美談然不過周及其族惟忠定以故相鎮越獨能惠利邦人養成士大夫廉恥之俗不遺子孫憂其所周視文正益

廣矣今劉侯又能循前人之跡而推廣其意下車甫期月於義舉巳駸駸可紀積而至於三年之久其什百倍蓰成効固不止是後之繼者又能從而推廣之則貧有仰善有勸所及者不益廣且遠耶是不可無述遂屬鋼識其梗槩使來者有考焉凡田之畝步若處所則條而勒諸碑陰茲不書大德八年四月日記

古越丁茂刊

碑陰 高一尺二寸廣一尺一寸九行行字不等正書徑八分

大德七年置到山陰會稽河水田一頃七十七畝一角四十六步五尺八寸

計租米一百一十三石五斗俱有

文契簿籍存照

山陰田一頃三十二畝二角五十步四尺三寸

租米八十六石三斗五升

會稽田四十四畝二角五十六步一尺五寸

租米二十七石一斗五升

按劉侯記不著名攷任士林撰紹興路學講堂記在大德九年稱郡侯劉姓名克昌汴人則此當即克昌無疑乾隆府志以爲劉僎殆未考僎爲總管萬歷府志係於元貞元年其時不合也曾鋼亦越人觀記中稱鄉人可見蓋宋禮部侍郎文清公幾後裔

孔子加號詔碑高八尺七寸廣四尺五寸額篆書皇帝詔書四字二行徑五寸碑分二列上列詔十三行行十七字正書徑二寸下列文十一行行十字徑一寸二分又立石銜名一行徑五分俱正書

上天眷命

皇帝聖旨蓋聞先孔子而聖者非孔子無以

明後孔子而聖者非孔子無以法

所謂祖述堯舜憲章文武儀範百

王師表萬世者也朕纂承丕緒敬

仰休風循治古之良規舉追封之

盛典〔加〕號大成至聖文宣王遣使

闕里祀以太牢於戲父子之親君

臣之義永惟聖教之尊天地之大

日月之明奚罄名言之妙尚資神

化祚我

皇元主者施行

大德十一年七月　日

至大二年十二月十九日太保三寳奴丞相奏在先孔夫子〔漢〕兒帝王〔雖〕是封贈〔了〕不曾起立碑石〔來如〕今各處行與〔文〕字封贈了於贍學地〔土子〕粒內交立碑石呵〔今〕後學本事的人〔肯〕用心者奏〔呵〕奉

聖旨是有那般者欽此

嘉議大夫紹興路總管兼管內勸農事提調學校官臣朶兒赤立

按元史加封孔子在大德十一年七月辛巳（是月癸亥朔辛巳月之十九日）是時成宗已崩武宗未立係仁宗監國時事葉子奇草木子稱其詔詞精雅元文類載之閣復之筆也下方所刻奏請立石聖旨潛研堂金石文跋尾所載徽州路儒學旨揮亦刻此辭至大二年上有承奉江浙等處行尚書省劄付該准尚書省咨十八字欽此下有照得先據御史臺呈亦爲此事

巳經遍行去訖咨請欽依施行二十四字蓋尚書省咨江浙行省而行省劄付各路者此則節錄咨文中語也

重建南鎮廟碑 碑高八尺六寸廣三尺六寸文二十八行行六十七字正書徑一寸

皇元重建南鎮廟碑

儒林郎江浙等處儒學提舉臣鄧文原奉

勅譔并書丹

周官職方氏辨九州之國東南曰揚州其山鎮曰會稽鎮山各長其方貴莫與夷而會稽次居先亦若傳志所載南海神在北東西三神河伯之上先王敘秩常祀固自有旨哉地主靜故物生而不息鎮山因地之厚而相其成功在人則方伯宣仁風敦政本俾民阜康而不知所利由是道也按虞帝巡守則望祀山川乘輿所經歲周四岳雖古者省方設教禮崇易簡然而道里遼廓涉時燠寒聖人之於民亦已勤矣自巡守道廢而望祀僅以名存歷世隆汙益昧原本秦漢肇興五時匊禮八神諸若陳寶碧雞壽星泰一神君武夷莫不有祠禁方祕祝異說交集祈禳雩禜降及厲滛先王之理天下所以存誠贊化孚格神明者其道隱而弗彰夫山林川谷丘陵能出雲爲風雨者禮皆列諸百神而况名山具瞻

奠鎮下土利澤周施其重豈亶與勤事定國禦灾捍患者侔晳古盛際四鎮咸在封域之
內分合世殊政教弗通神或匱祀
聖元啓運武戡亂略德懋好生
天人順應萬方臣服自昔車書會同之盛未有窺其際涯者也文治脩明中外禔福則又
懷柔百神示民禮秩益延
景命惟東南控帶江海層岡峭嶺圭立屏峙莫可殫狀而會稽之山秀萃無儔明靈所司
由隋唐暨宋祝號祭式公王次升大德巳亥
詔尊南鎮會稽山爲昭德順應王與嶽瀆同祀使者肅將戎具白金函香旛以綺錯牲醑
芳潔籩豆靜嘉然而象飾弗嚴梁傾棟橈庭序榛蕨陟降祼薦室不稱儀越十有一年爲
至大已酉嘉議大夫臣朶兒赤來守茲土進謁祠下顧視興嘅曰守臣職在蕃宣事神訓
民曷敢不欽厥事乃集羣議將大撤而新之請於帥府給緡錢二萬五千四百有奇邑里
競勸傾瓌貲相役材文石桴輸輦致龍趼既備版榦具興殿宇周阿前翬後棘表以重門
翼以長廡齋廬靚深膳烹有所邦人士女禱祠會止閒亭飛閣可觀可憩環山繚溪若有
風馬雲車肹蠁來假先是於越大饑道殣相望薄征振廩荒政荐敷惠及埋胔明年夏復

旱臣桑兒赤禱于神得雨人謂神亦矜民易誠以感後復有事于廟經度故址爲畝二十五有半旦發地得石具識深廣北東西臨溪南直玉笥峰紀以宋大中祥符之二年視舊加斥克弘厥規豈神之宿留告曉于人固如此哉考諸在昔常以立夏氣至揭虔蕆事導迎發育天道無垠因時布令仁行於春禮繼炳文歲功序成物迺蕃息維茲越土肇歸版圖于今歲四十載乃者歲比遣使皆爲民祝釐

聖上纘承基緒申飭有司益嚴崇祀仁昭禮洽上以法

天之運而元臣碩輔同德協心汔底康乂東南旄倪陶咏

皇風浸漑膏澤生聚教訓期于億萬世江浙行中書省平章政事臣張閭等奏曰南鎭廟成維麗牲有碑乞命儒臣文原爲文以詔來者

制曰可臣謹再拜稽首顧頌

帝德且宣神功爰勒銘詩與茲山無極其詩曰

邈哉東南　萬山之藪　孰殿茲土

相其溫厚　先民有言　山岳配天

體坤之載　道合靜專　崪茲會稽

列巘環向　鬱蔥禹穴　蔽虧秦望
辟彼江海　百谷是王　禮隆昭祀
嘉薦苾芳　奕ニ新廟　塗塈丹雘
盪昏卽明　闢險從廓　物既和止
神亦宴娭　靈斿肹飾　賁然來思
擁其休嘉　錫此南土　豈惟南土
九有伊祜　惟
皇縱聖　惟臣弼諧　神道泰寧
兆民允懷　詩詠岡陵　式揚壽祉
儒臣作銘　贊於
天子　皇慶元年六月三日建
四明臣茅紹之鐫字

碑陰 高三尺六寸廣三尺六寸二十行行字不等正書徑一寸二分

大中大夫紹興路總管府達魯花赤兼管內勸農事馬合馬沙

嘉議大夫紹興路總管兼管内勸農事朶兒赤

中順大夫同知紹興路總管府事王八都兒

承直郎紹興路總管府治中馬合謀

奉訓大夫紹興路總管府判官蕭瓛

承德郎紹興路總管府推官李震

承德郎紹興路總管府推官王得觀

承務郎紹興路總管府經歷任揆

將仕郎紹興路總管府知事孔廉

將仕佐郎紹興路總管府提控案牘兼照磨承發架閣仝天祥

修武校尉紹興路會稽縣達魯花赤兼勸農事月魯

承務郎紹興路會稽縣尹兼勸農事趙天祥監督

進義校尉紹興路會稽縣主簿趙哈八都兒計料

進義副尉紹興路録事判官李忠應辦

府吏童端劉榮祖縣典史李居仁司吏王茂榮　董役

將仕佐郎南恩州儒學教授褚子杰
邑士許鈞許琇喻吉甫傅士珪丁舉
邑人陳宗孟純孟能之陸森陸晟王德丁觀孫求誠之尉德興金榮何茂陳昌
孫銛王元陸友王榮李景諸聰胡榮胡思敬助建

按總管朶兒赤萬歷府志云寧州人文宗天歷二年任今攷是碑則武宗至大二年任也其云寧州人者自據元史列傳然傳不言爲紹興總管且歷官在世祖朝時亦未合又越中南鎭城隍諸廟碑皆稱大名朶兒赤其爲别是一人審矣是碑鐫者爲茅紹之楊升菴丹鉛錄稱其刻趙子昂書毫髮不失在江南以此技致富紹之號能靜處士見至元中許熙載神道碑鄧載之書與吳興齊名又得紹之刻手宜其精采獨絶也陰載紹興路職頗備府志未詳本路設官之額今據各碑所錄記之凡總管府達魯花赤一員總管一員同知一員治中一員判官一員推官二員經歷一員知事一員照磨兼承發架閣一員錄事司達魯花赤一員錄事一員錄事判官一員儒學教授一員學正一員學錄一員在城税務提領一員副使一員與元史合史又載路屬在城税務大使一員蒙古諸學教授倉獄庫局諸職十餘員俱無攷會稽尹趙天祥萬歷縣志作至正十一年任今得此碑可證其

誤 照磨仝天祥錄判李忠會稽監縣月魯主簿趙哈八都兒典史李居仁乾隆府志俱未載

李倜題名 刻高七寸五分廣二寸二行行書徑九分

員嶠真逸來遊

皇慶元年八月八日

按員嶠眞逸乃河東李倜別號倜字士宏太原人官至集賢侍讀學士見圖繪寶鑑鐵網珊瑚諸書

紹興路學重修大成殿記 碑高七尺二寸廣四尺一寸額篆書重修大成殿記六字三行徑三寸五分記十六行行三十五字行書徑一寸五分

紹興路學修大成殿記

學刱於宋之慶厤逮嘉祐中徙置城南積久蠹弊而禮殿爲尤甚至元壬辰撤而新之其成之亟也歷歲三十寖復隤圮部使者何公按事抵越謁庭下歎曰殿之成近耳已趍於壞失今不圖其可以久乃與有司議所以葺之者於是總管胡公涖政始逾月意與何公合屬教授古汴劉君洪量村度庸無取於士無勞於民學計不足則收宿逋以佐其用命錄事呼延君璋董其役未幾而隳者完傾者固表裏藩飾煥然華好越人士美是役也俾性爲之記嗟夫記者著事之成以垂訓將來者也天下之事爲之於當可之時其施勞易其成功遠忽而弗察也怠而弗

爲也偷安日日卒至於不可爲若是者何可勝數今二公之爲斯役也當其可爲之時而不以重勞爲憚故能於旬月之間復新瓶之美以大慰越人士之望使後之繼者皆能若是雖永弗壞可也是可垂訓將來矣抑有進於是者廟學之設將使爲士者皷篋釋菜而講習於此非直爲觀美而已天之生人有常性人之生有常事私欲之萌而復之遠也惰慢之習而爲之無勇也失其常者有矣善爲學者精以察之勤以爲之毋忽毋怠毋失其當爲之時勉勉循循致其緝續之功焉用力之久盛德日新而不窮矣然則是役也豈特垂訓於將來亦學者之所當深省也記役之成因著其説以與吾黨之士繹之役始於至治改元仲春閲三月而畢工云何公名約字仲博河中人胡公名元字善甫世家順德今爲開平人是歲孟秋上澣安陽韓性記

按越學權興於宋景祐中實在慶歷之先記蓋據慶歷四年有令天下郡縣立學之詔遂以爲創於其時爾韓性字明善魏國忠獻公琦八世孫高祖直祕閣膺胄始遷越卒後賜謚莊節元史入儒學傳稱安陽者祖貫也録事呼延瑋乾隆府志未載

紹興路重修儒學記碑高三尺廣三尺七寸二十三行行字無考正書徑一寸三分又另額一方篆書紹興路重修儒學記八字四行徑五寸

□□路重修儒學記

紹興□儒闕

中奉大夫□□等闕

嘉議闕

□國立文學雖始於漢文翁而古者□□曰泮宫是侯邦闕□宫遂廢至漢武帝始命天下郡國皆立學校官平帝時闕□臣鎮比之侯邦則方伯連率之地故其廟學視他郡爲闕□修於至元壬辰元貞丙申囙循簷畧垂三十年東完西闕□者逞智則租入自私襟佩荒凉䂓式廢弛至治辛酉闕□郎修建大成殿度材鳩工惟力是視亦既起傾仆於闕□賢配食像設靡存公即稽其逋負縮其羨餘不賦於闕□就頽圮工役浩繁未易輕議値憲轄下車委公稽攷闕□者皆舉例以從事下之有司覈實徵埋庇其所納以闕□齋高堂雄深傑閣偉麗正録有位耆宿有序賓客有闕□□簠簋之所儲藏外而公厨浴室倉敖義廪教廳闕□□癸亥五月訖於其年十二月役無煩苛士無閒言闕□□州六邑之民俾冒占學田者應期出首自陳免罪闕□□增復學租四百餘石享祀以豐給養以裕公闕□□曰夫學者治化之原風俗之所由以淳也夫闕□□綱三常五寧同榱桷以新陳天典民彜豈闕□□同增美者豈直爲觀美而已哉諸生藏闕□□升之以爲雲雨培之千章企而望之以闕□□可學録余鏗學職吳瑞卿

至治三年歲闕

按碑石祇存一段主修者名氏已闕詳玩文義與至治元年辛酉修建大成殿者似是一人蓋亦總管胡元所修也又別有元修學碑額一方委榛莽間或即此碑者歟 學錄余鑑 乾隆府志未載

孔子像幷世系圖 碑高六尺五寸廣三尺二寸額篆書大成至聖文宣王七字橫列徑二寸二分額上橫書皇元大德丁未加封八小字正書徑三分碑分三列上列世系圖中列孔子坐像高三尺四寸四分下列跋三十七行行十字又書篆人銜名二行俱正書徑五分

宣聖之先高辛氏子偰之後偰以佐禹治水有□封於商□□子氏□□王伐紂□封紂子武

丁公申

宋公稽

微子啓

伯夏

孔防叔

睪夷父

木金父

孔嘉父

避宋華督之難來奔魯爲大夫因家焉因以祖父字遂爲孔氏父一作祈父一作睪夷父

孔嘉父者其字也家語

孟皮

庶兄一作伯皮一作伯尼

爲陬邑大夫娶顏氏女名徵在生宣聖

偰

庚於朝歌至成王時周公東征改命帝乙長子紂之庶兄微子啓國于宋以奉商祀啓卒立其弟微仲衍

帝乙

微仲衍

湣公共

煬公熙

正考父

中以爲所賜號

世子勝

一作世父勝

宋父周

弗父何

自微子啓至煬公凡六世弗父何乃讓國與其弟鮒祀後遂世爲宋卿

厲公鮒祀

一作方祀一作鮒祀

叔梁紇

至宋太中祥符元年追封齊國公顔氏封魯國太夫人

□□

自偰至宣聖通闕

鏡湖范弥堅刊

宣聖生於周靈王二十一年即魯襄公二十二年庚戌歲冬十一月庚子二十一日也薨於周敬王四十一年即魯哀公十六年壬戌歲夏四月巳丑十八日也按春秋三傳史記世家索隱闕里譜系及孔氏家譜東家

雜記祖庭廣記家語世系年表辨證等書各有異同今以朱文公論語集註中所紀爲正至西漢元始元年追謚褒成宣尼公魏太和十六年謚文宣尼父後周大象二年封鄒國公唐貞觀十一年尊爲宣父乾封元年贈太師開元二十七年封文宣王宋大中祥符元年加封元聖改封至聖文宣王惟宣聖之道垂於後世學者受罔極之恩巍然衮冕嚴於學官不能家有其像謹按孔氏家譜云家廟所藏本衣燕居服顏子從行者世謂之小影唐劉禹錫作許州新廟碑有堯頭禹身華冠象佩之容取之自鄒魯者是也近世所傳殆失其真耘謹依小影作弁服坐像刻之於石置會稽郡庠使人得墨本朝夕瞻仰所謂溫而厲威而不猛恭而安者心存目注若見聖人於千載之上豈非學者之所甚幸與至於譜系封謚生薨歲月散載諸書并彙集附刻云泰定二年歲在乙丑暮春之月句章周耘拜手謹誌

國子監學生王時書丹

亞中大夫紹興路總管兼管內勸農事王克敬篆蓋

按此像蓋從行教小影摹出惟改爲弁服坐像而已東家襍記云世之所傳非小影畫像皆爲贋本小影相傳爲端木子筆宋顧覬之重摹者其後乃刻石於闕里云總管王克敬字叔能大寧人元史有傳王時字本中卽克敬子

紹興路修學殘碑

碑高五尺廣二尺七寸 行字無攷正書徑一寸

前闕 從祀孔子廟廷者一百五人皆列坐廡下通都大 闕廿餘字 爲淛東會府廟學邃嚴冠於傍郡獨從祀繪兩廡之壁 闕廿餘字 以爲慊泰定二年 正議佩紹興郡紱提調學事念更新之使本學教 闕十餘字 俸以爲之倡郡口校官聞而樂助逾時像成因以較其學租積逋得米若干 闕十餘字 丹雘嚴飾太守率僚屬歲時奠謁博士 闕廿餘字 又以餘力範銅爲樽罍之類若干然後 闕下

按碑字磨礱殆盡撰書人俱不可攷韓明善南鎮置田記有云泰定乙丑金源王公克敬爲會稽守乙丑正泰定二年則碑所稱正議佩郡紱者即克敬也孔子像石刻克敬署銜亞中大夫此時當進階正議爾

南鎮廟置田記

碑高八尺二寸廣四尺一寸額篆書南鎮廟置田記六字三行徑三寸五分記二十行行三十四字行書徑一寸二分

安陽韓性撰并書

翰林侍 講學士奉政大夫 知制誥同脩 國史袁桷題額

九州之鎮

國重祀也東南之鎮曰會稽見於周官由漢以來咸謹祀事

國家一海內歲遣使降香若金幣馳馹詣廟下以一太牢祠守土之吏奔走承事惟謹廟在會

稽縣東南十餘里無祝史之守

倘方所錫藏之郡帑積無所用泰定乙丑金源王公克敬爲會稽守議買田以供廟之用請於帥府帥府如其請乃會所藏得楮幣若干白金爲鋌者若干爲香奩者若干斤而賣之又得楮幣若干買傍近田一百十七畝有奇侯命列其丘畝刻之石使後有考侯之慮事遠哉

南鎮

國重祀廟之用度有司所當慮其冣重者二焉古之祭祀預備以示嚴神倉所以備粢盛也掌牧所以備牲牷也祭祀之物具故臨事而不擾今南鎮歲祀責成有司有司集事則已犧牲粢盛取具臨時有不能具則賦之民民以爲病一也漢祀嶽瀆始爲宮室若廟祏制制後以爲常今會稽之廟壯麗靚深明宮齋廬多至千礎歲歲脩繕勞民無已時委而不脩必至於隤圮圮而更爲民之擾滋甚二也今侯買田於廟貯其租入以供祭祀以待脩繕至於香火之需祝史之養皆出乎其中非獨致力於神其爲斯民計遠矣或謂一夫之田所入無幾用之不周猶之無益也是不然天下之事莫難於創始今侯倡之於前繼侯之理者頗增益之足用而後已敬共明神民不勞勸神人相依有引弗替以稱

國家崇明祀之意此侯之所望於後來也典其事者郡吏沈天瑞泰定丙寅孟春日記

會稽范彌堅刊

碑陰高六尺五寸廣四尺四寸五十五行行字不等正書徑五分

紹興路今將元有

朝廷頒降本路會稽山

南鎮廟銀香盒課銀等物變易作鈔并香錢總該中統鈔貳伯柒定叁拾叁兩捌錢叁分伍厘

內將鈔貳伯柒定置買到後項湖水田壹伯壹拾捌畝壹角伍步該租米柒拾壹碩叁㪷伍

勝捌合肆勺

湖田陸拾貳畝貳角壹拾伍步

水田伍拾伍畝貳角伍拾步

僉謹思出賣湖水田陸拾畝貳角肆拾叁步俱坐落會稽縣每畝價鈔不等計中統鈔壹伯

壹拾肆定佃戶顧連一等每年總納租米叁拾柒碩叁㪷捌勝伍合肆勺

第一等田陸段計貳拾伍畝壹拾步計米壹拾柒碩玖㪷叁勝玖合

一段民田陸畝貳角坐落第六都枯橋每畝價鈔貳定壹拾伍兩計鈔壹拾肆定肆拾

柒兩伍錢佃戶顧連一每畝上租米柒㪷年納米肆碩伍㪷伍勝一東至河　西至接

待寺田　南至河　北至學田

一叚民田壹畝叁角坐落第六都七家每畝價鈔貳定壹拾伍兩計鈔肆定壹兩佃戶

李保二每畝上租米柒㪷年納米壹碩貳㪷貳勝伍合　東至河　西至沈□□　南

至胡□二　北至張縣尉

一叚民田貳畝叁角坐落第六都上許畈每畝價鈔貳定壹拾伍兩計鈔陸定壹拾陸

兩貳錢伍分佃戶馬尙二每畝上租米柒㪷年納米壹碩玖㪷貳勝伍合　東至□保

一　西至□九六　南至河　北至本戶

一叚民田肆畝叁拾壹步坐落第七都七家後每畝價鈔貳定壹拾貳兩伍錢計鈔玖

定壹拾肆兩佃戶俞寧七每畝上租米柒㪷年納米貳碩捌㪷玖勝壹合　東至錢□

四　西至水漊　南至徐文八　北至徐端□

一叚湖田肆畝壹角壹拾柒步坐落十八都橫山村每畝價鈔叁定計鈔壹拾貳定肆

拾捌兩佃戶倪鼎一王得一每畝上租米捌㪷年納米叁碩肆㪷伍勝陸合　東至夏

細六　西至涇　南至朱細行　北至徑

一叚湖田伍畝貳角貳拾叁步坐落十八都橫山村每畝價鈔貳定壹拾伍兩計鈔壹

拾貳定肆拾叁兩伍錢每畝上租米柒㪷年納米叁碩捌㪷玖勝貳合

內貳畝叁拾貳步佃戶沈閏六每畝上租米柒㪷年納米壹碩肆㪷柒勝　東至山

西至涇　南至齊婆　北至路

內叁畝壹角伍拾壹步佃戶田大每畝上租米柒㪷年納米貳碩肆㪷貳勝貳合

東至山　四至涇　南至本戶　北至趙壽兒

第二等田捌段計貳拾貳畝壹角貳拾叁步計米壹拾貳碩捌㪷玖勝肆合肆勺

一段民田壹畝壹角坐落第六都七家每畝價鈔貳定計鈔貳定貳拾伍兩佃戶李保

二每畝上租米陸㪷年納米柒㪷伍勝　東至河　西至葉秀　南至胡添二　北至

張縣尉

一段民田肆畝坐落第六都後大漊每畝價鈔貳定計鈔捌定佃戶沈壽二每畝上租

米陸㪷年納米貳碩肆㪷　東至沈松四　西至齊明二　南至王明六　北至諸連

一

一段湖田叁畝貳角肆拾叁步坐落第六都狗山南每畝價鈔貳定計鈔柒定壹拾柒

兩伍錢佃戶孟元七每畝上租米陸㪷年納米貳碩貳㪷捌合　東至陸元二　西至

魯万九　南至陸得三　北至徑

一段湖田貳畝壹步坐落第六都三湖徑每畝價鈔貳定計鈔肆定佃戶潘友三每畝

上租米陸㪷年納米壹碩貳㪷貳合肆勺　東至魯元六　西至潘文二　南至潘万

念三　北至魯添十

一段湖田肆畝貳角肆拾叁步坐落第五都大湖南岸每畝價鈔貳定計鈔玖定壹拾

柒兩佃戶潘得三每畝上租米伍㪷伍勝年納米貳碩伍㪷柒勝肆合　東至魯九八

西至蔡曾三　南至朱万念三　北至魯文三

一段民田肆畝坐落第七都七家後每畝價鈔貳定計鈔捌定佃戶俞寧七每畝上租

米陸㪷年納米貳碩肆㪷　東至錢元四　西至水溇　南至徐文八　北至徐端一

一段湖田壹畝壹角伍拾步坐落三十一都昌源每畝價鈔肆拾伍兩計鈔壹定壹拾

伍兩佃戶陳勝一每畝上租米伍㪷年納米柒㪷貳勝伍合　東至齊明二　西至姜

明二　南至齊松　北至范辛二

一段湖田壹畝壹角陸步坐落三十一都昌源每畝價鈔肆拾伍兩計鈔壹定柒兩伍

錢佃戶陳勝一每畝上租米伍㪷年納米陸㪷叁勝伍合　東至齊友三　西至姜□

四　南至姜閏五　北至姜百九

第三等田伍段計壹拾叁畝壹角玖步計米陸碩伍㪷伍勝貳合

一段民田貳畝坐落第六都七家每畝價鈔肆拾伍兩計鈔壹定肆拾兩佃戶李保二每畝上租米伍㪷年納米壹碩整　東至河　西至葉秀　南至胡添二　北至張縣尉

一段民田伍畝坐落第六都上許畈每畝價鈔肆拾伍兩計鈔肆定貳拾伍兩佃戶馬尙二每畝上租米伍㪷年納米貳碩伍㪷　東至馬□郎　西至馬四郎　南至本戶　北至馬省幹

一段民田貳畝叁角肆步坐落第五都皐部廟後每畝價鈔肆拾伍兩計鈔貳定貳拾肆兩伍錢佃戶鄺友四每畝上租米伍㪷年納米壹碩叁㪷捌勝伍合　東至胡安四　西至馬端三　南至李辛三　北至鄺安四

一段湖田壹畝叁角貳拾肆步坐落十八都金雞壂每畝價鈔肆拾伍兩計鈔壹定叁拾叁兩佃戶孟辛一每畝上租米肆㪷伍勝年納米捌㪷叁勝貳合　東至陳文□　西至鄺季九　南至徑　北至潘辛一

一段湖田壹畝貳角肆拾壹步坐落十九都狗山畈每畝價鈔肆拾伍兩計鈔壹定貳拾伍兩佃戶王榮三每畝上租米伍㪷年納米捌㪷叁勝伍合　東至金辛一　西至俞万七　南至謝曾十六　北至□辛二

章仁出賣民田貳拾壹畝貳角壹拾伍步坐落會稽縣每畝價鈔不等計中統鈔肆拾叁定佃戶虞端六等總計納租米壹拾叁碩叁㪷玖勝伍合

第一等田叁段計捌畝貳拾貳步計米伍碩陸㪷陸勝叁合

一段叁畝伍拾柒步坐落第三都常巷村每畝價鈔貳定肆拾兩計鈔玖定叁兩伍錢佃戶虞端六每畝上租米柒㪷年納米貳碩貳㪷陸勝捌合　東至大河　西至本戶　南至施千四　北至施千四

一段壹畝叁角貳拾伍步坐落第三都常巷村每畝價鈔貳定叁拾兩計鈔肆定肆拾壹兩佃戶蔣佛一每畝上租米柒㪷年納米壹碩貳㪷玖勝伍合　東至王大三　西至沈九三　南至施千三　北至吴二郎

一段叁畝坐落第三都常巷村每畝價鈔貳定叁拾兩計柒定肆拾兩佃戶蔣彿一每畝上租米柒㪷年納米貳碩壹㪷　東至本戶　西至沈九三陳安二　南至施卒五

北至蔣元一

第二等田貳段計玖畝叁角伍拾叁步計米伍碩玖㪷捌勝貳合

一段陸畝壹角拾玖步坐落第三都檀瀆村每畝價鈔壹定叁拾兩計鈔壹拾定壹拾叁兩佃戶尹慶二每畝上租米陸㪷年納米叁碩捌㪷肆勝陸合　東至錢万十二

西至陳曽拾　南至蔣曽四　北至錢万十二

一段叁畝貳角壹拾肆步坐落第三都檀瀆後村每畝價鈔壹定叁拾兩計鈔伍定叁拾伍兩佃戶尹慶二每畝上租米陸㪷年納米貳碩壹㪷叁勝陸合　東至王曽一

西至施從五　南至吳元一　北至施千叁拾壹

第三等田貳段計叁畝貳角計米壹碩柒㪷伍勝

一段壹㪷坐落第四都西具村計鈔壹定壹拾柒兩伍錢佃戶張換一年上租米伍㪷

整　東至張万十二　西至何端四　南至李万十七　北至張閏六

一段貳畝貳角坐落第五都石瀆村每畝價鈔壹定叁拾兩計鈔肆定佃戶蔣佛一每

畝上租米伍㪷年納米壹碩貳㪷伍勝　東至阮細□　西至王萬一　南至朱文三

北至蔣細二

吳應仁出賣湖田貳拾陸畝貳拾步坐落山陰縣十八都每畝價鈔不等計中統鈔伍拾定

俱係佃戶蔡榮一布種每年總計納租米壹拾陸碩伍㪷玖勝捌合

第一等田貳段計玖畝貳角計米陸碩陸㪷伍勝

一段伍畝貳角伍步每畝價鈔貳定貳拾伍兩計鈔壹拾叁定叁拾柒兩伍錢每畝上

租米柒㪷年納米叁碩捌㪷陸勝肆合　東至孫秀才田　西至陳官人田　南至陳

官人田　北至大湖

一段叁畝叁角伍拾伍步每畝價鈔貳定貳拾伍兩計鈔玖定肆拾柒兩伍錢每畝上

租柒㪷年納米貳碩柒㪷捌勝陸合　東至薛知府田　西至涇　南至能仁寺田

北至元本戶田

第二等田貳段計壹拾陸畝貳角貳拾步計米玖碩玖㪷肆勝捌合

一段捌畝壹角每畝價鈔壹定叁拾肆兩計鈔壹拾叁定肆拾貳兩伍錢每畝上租米

陸㪷年納米肆碩玖㪷伍勝　東至韓直閣田　西至陳官人田　南至薛知府　北

至施承務

一段捌畝壹角貳拾步每畝價鈔壹定貳拾伍兩計鈔壹拾貳定貳拾貳兩伍錢每畝

上租米陸㪷年納米肆碩玖㪷玖勝捌合　東至元本戶田　西至陳官人田　南至孫秀才田　北至唐四省元

葉永捨到湖田柒段計玖畝叁角肆拾柒步坐落會稽縣十六都康家湖佃戶霍成一傳寅四陳仕五每畝上租米肆㪷計年納米叁碩玖㪷捌勝

一段貳畝貳角貳拾肆步　東至錢曽二田　西至陳万十二　南至陳千十四　北至錢百念九

二段計壹畝貳角貳拾陸步　東至錢百十一　西至錢百十五　南至錢曽二　北至鄭再十二

一段壹畝伍拾叁步　東至求千六　西至霍万三　南至馬文林　北至陳曽一

一段壹畝伍拾叁步　東至求千六　西至羅裕一秀　南至陳万十四　北至馬文林

一段壹畝貳角壹拾肆步　東至錢百光八　西至馬宗四　南至王千二十四　北至錢司戶

一段壹畝貳角伍拾柒步　東至徐曽二　西至陳万十二　南至許明五　北至馬

宗四

按記云尙方所錫藏之郡帑攷元史祭祀志南鎭歲祀銀香合一重二十五兩銷金幡二鈔二百五十貫遣官致祭降香幡合如前禮加銀五十兩中統鈔二百五十貫若他有禱禮亦如之碑陰載田畝租額參攷宋景定小學田碑可見宋元時取于佃農之制大約湖田水田二項俱屬膏腴但又有一二三等之別其上租米每畝一等以七八斗二等六七斗三等五六斗爲額若小學田碑又有白熟地一項則每畝可一石矣升字多以陞代之以防改竄此獨作勝他碑所罕見也

會稽儒學重建大成殿記 碑高八尺五寸廣四尺三寸額篆書會稽儒學重建大成殿記十字五行徑三寸四分記十八行行三十四字行書徑一寸五分

會稽邑學重建大成殿成邑人士使性爲之記庠序學校有事先聖先師古也曲阜遺履肇祠於漢其後文翁興學備講堂禮殿更數百年迨東晉猶在州縣學廢爲廟以蕆祀文治聿興廟學遍郡邑遐陬僻壤不廢也況乎會稽壯縣儒風之盛冠於東州尊崇嚴飾宜異於他邑至元十四年燬于火後二十五年當大德五年始搆大成殿比三十年摧剝傾漏不可復支慈溪童君桂主講席瞿瞿然若負疚在巳謁令長請爲縣尹霍侯文輔簿孟侯潼相與謀擇邑士可任者董禹圭宋友直等俾之率作掄材數甓工有緒矣會孟侯以憂去哈剌哈孫來爲邑長洪鈞

典案牘交贊其成用工於天厤二年之八月畢工於明年之七月杗桷堅好丹雘華煥霍侯日至學視像設故暗者新之論堂兩廡甚敝者葺之俎豆筐篚罇爵簠簋不具者完之春秋釋奠朔望伏謁若在洙泗之間仰晬容聆謦欬也惟聖人立人極以幸斯人〻得遂其生若其性誠敬所寓千載一日祠祭之嚴歷代可攷所以致尊教父報罔極之恩也豈特以學者之故享弟子春秋之禮哉然古之廟學更數百年而不廢後之營建隨成亟毀不能以世工之良苦懸絶至是耶將士風之不同耶抑完葺之工有繼不繼也會稽得仁侯禮殿之創華好矣繕脩之繼不有望於後之人哉敦禮俗興教化以稱右文之理有司事也一日必葺不敢忽不敢怠校官職也仰綴一瓦俯葺半甓力之所迨不以煩爲憚邑士責也充而大之政教以行學以成報本反始寓其誠敬千載一日可也至順改元八月既望安陽韓性記文林郎紹興路捴管府經歴翟思溫書朝散大夫同知紹興路捴管府事武元特篆盖紹興路會稽縣儒學教諭薛德元立石

董工縣吏楊文質蔣茂羅世英學吏喩珪　趙良魁鐫

按萬歷縣志哈剌哈孫會稽縣達魯花赤也童桂泰定間任教諭卒於官志入名宦傳今越中昌安童氏皆其後薛元德府縣志俱以爲訓導而碑實作教諭當以碑爲正

代祀南鎮記碑高三尺五寸廣二尺七寸額篆書代祀南鎮記五字橫列徑三寸文十三行行二十字正書徑一寸三分

元統三年夏五月巳亥

皇帝遣應奉翰林文字承務郎臣伯家奴奉訓大夫

中瑞司丞臣張完者篤欽齎

寶香銀合錦旛楮幣致祭于

南鎮昭德順應王牲牢肥腯籩豆靜嘉薦祼幷

降禮儀有度神既肸蠁人用懽懌朝散大夫紹

興路總管臣禿堅董阿敬恭與僉竣事言曰方

今四方寧謐羣祀肅恭而

大神祝冊自

京師來則所以禮神者至矣是宜風雨調順民物

阜康以祚我

皇元億萬年無疆之休謹拜手稽首識于堅珉中順

大夫紹興路總管府達魯花赤臣鈕憐等立石

臣趙良魁鐫

按張完者篤官階視伯家奴爲崇應奉翰林文字從七品中瑞司丞正四品而居後者以蒙古員例列漢員上也總管府達魯花赤鈕憐乾隆府志未載至元五年代祀記作鈕璘蓋即一人集韻憐字亦作離珍切殆蒙古憐璘二字本讀作一音而譯音初無定字耳

南鎮代祀記碑高六尺廣二尺五寸額篆書代祀之記四字二行徑三寸五分記十六行行三十六字正書徑一寸

至元二年歲在丙子四月十又九日

皇帝御

仁明殿召承德郎翊正司丞臣斡赤　承事郎翰林

國史院編脩官臣烏馬兒入受

詔匳香篚幣將以賓旛代祀于海嶽南鎮臣斡赤等奉

詔馳驛以六月十六日至于紹興越翼日辛卯詣

南鎮祠行祀事朝散大夫紹興路總管兼管內勸農事臣禿堅董阿與祭竣事守臣請刻

石以示永久欽惟

聖朝奄有九有懷柔百神有能表方域產財用興雲雨咸秩祀典夫四鎮爲

國四維綱紀天下獨　南鎮去　京師最遠爲東南砥柱功德在斯民尤盛從古尙焉今
聖天子事神治人恪遵
祖訓故崇敬之至如此執事之臣各竭其誠對揚
休命省牲視饌壹以其式夜漏不盡十五刻率寮寀入即事庭燎伊煌管磬具舉牲酒肥
潔登降以數人情胥樂神靈顧饗爰介繁祉以昭
寵光宣靈致和嘉氣充溢邁相
皇圖與天無極臣烏馬兒拜手稽首謹書其事勒于石朝散大夫紹興路摠管兼管內勸農事
禿堅董阿承務郎會稽縣尹兼勸農事呂誠登仕郎會稽縣主簿黃元承立石

按碑云代祀于海嶽南鎮者元時遣使分五道南鎮與北海北嶽濟瀆爲一道也是碑提行寫處如皇帝聖天子皇圖等字高二格而詔及聖朝祖訓等字僅高一格頗爲不中程式會稽尹呂誠字實夫萬歷縣志入名宦傳

南鎮代祀記

碑高六尺一寸廣二尺三寸額楷書代祀之記四字二行徑三寸五分上作花紋方圍內祝文九行行四字記十八行行五十字俱正書徑八分

代祀祝文

南鎮之大

其山會稽神惠我民報以常祀有開嗣歲式禮莫愆易歉而豐尚無不若

至元三年代祀之記

奎章閣學士院照磨官從仕郎臣林宇撰并書武畧將軍管軍上千戶權分鎮幵縣

翼上萬戶府事臣劉顒題額

自虞書著封山而周官列州鎮蓋以奠安一方綿絡地氣出雲雨興寶藏資民用非止

辨州域限風氣而已也大江之南財賦之區會稽爲東南之巨鎮故祀禮孔嚴至元三

年歲在丁丑五月戊甲

今天子御

明仁殿出帑香幣祝册命奉議大夫規運提點所達魯花赤臣八萬廝失里　奎章閣學士院
照磨官從仕郎臣林宇代祀于
南鎮昭德順應王祠六月甲午抵祠下有司告充具酒率守土臣通議大夫紹興路摠管兼
管內勸農事臣亦祖丁等行祀事酒牲肆陳禮樂畢舉駿奔合敬肸蠁潛孚祀畢守臣
請紀其事于石以鐫功勒成告後夫歲祀彝儀宣達
上敬臣等之職分也顧豈以紀載名姓爲誇榮哉惟治道隆而後祀典興祀典興而後福祥
至時和年登民康物阜山無盜賊海不揚波神之所以福我
國家者也
皇極在上斂福錫民而民亦爲之保極則
國家之所以崇祀於
神者庸有紀極乎代祀之臣與守臣均此願也乃刻之石與祭臣朝列大夫紹興路摠
管府治中沙沙奉直大夫紹興路摠管府判官蘇澂承務郎紹興路摠管府經歷孫惟
孝提控案牘兼照磨承發架閣費詵紹興路儒學教授余烈府吏方逢辰進義校尉紹
興路會稽縣達魯花赤兼勸農事也先帖木兒登仕郎紹興路會稽縣主簿黃元承典

史董圭

至元三年六月　日立石從行者國子生楊培

按元史百官志從七品階曰從事郎此碑林宇署銜作從仕它碑亦間有同者未詳其通寫之由（總管亦祖丁治中沙沙判官蘇瀓經歷孫惟孝照磨費詵教授余烈會稽典史董圭乾隆府志俱未載）

南鎮代祀記

（碑高三尺六寸廣二尺八寸額楷書代祀記三字橫列徑三寸二分記二十六行行二十九字正書徑八分）

皇帝仁覆天下明徹宇內乃者天變婁作地道失寧水旱荐臻盜賊不息

君相同德哀矜元元意者事神治民之道有所闕歟於是法

世祖舊制以正月之吉分遣廷臣清望夙著蔄在

帝心者代祀嶽瀆以召休貺而北嶽北海濟瀆南鎮則以命翰林侍　講學士愛牙赤集賢直學士揭傒斯三月庚申朔至于南鎮翼日辛酉祗率守臣潔其牲牢陳其醴齊致其香幣敬祭于大神靈雨先戒祥飈徐集倏陰忽陽肹蠁布寫潛孚密暢格夫

帝誠竣事徊徨靡敢怠豫惟昔者初受

命於廷也親祝香幣以授其禮甚隆重其意甚恭懇爲之臣者曷敢不虔夫以厚載萬物莫重乎土故在天爲鎮星其積而峻極者因其方而名之曰嶽其次曰鎮其祀事皆有秩于

帝典所以庇生民衞社稷也夫不以災異數見人民愁苦而益謹其山川之恒祀者
君之禮不以祀事敬怠而時其雨暘弭其患災以屏翰國家者神之職
君盡其禮神效其職使民知有生之樂實爲太平之盛觀而南土之民困已極矣神其忍使
聖天子日有南顧之憂乎是日與祭官江浙行省所委官中順大夫同知温州路事楊濤孫守
臣中順大夫紹興路達魯花赤紐璘通議大夫紹興路捴管亦祖丁中議大夫紹興路同知
伯顔朝列大夫紹興路治中僧吉巴奉直大夫紹興路判官蘇澂承直郎紹興路推官張溎
儒林郎紹興路推官林宇承事郎紹興路經歷董郁將仕佐郎紹興路知事林元亨紹興路
提控案牘兼照磨承發架閣林鏞進義校尉紹興路鎮撫管從政紹興路儒學教授曽汝㒵
學正王實進義校尉山陰縣達魯花赤阿兒渾沙登仕佐郎會稽縣主簿法都忽剌給祀事
者府吏李公澤周惟政縣典史董圭爲文及書者揭傒斯從行者集賢院宣使穆薛飛兒也

至元五年歲次已卯三月　日建　趙良魁刊

按記有君臣同德語是時伯顔方執朝政故雖遐方刻石之文亦不敢遺則爾時之勢燄可見矣記又云南土之民困已極者攷元史至元四年六月漳州路南勝縣民李志甫反詔江浙行省平章別兒怯不花總閫浙江廣兵討之踰年未平軍興旁午而江浙又承連

歲旱饑之後故云然也揭奚斯字曼碩元史有傳同知伯顏治中僧吉巴經歷董郁知事林元亨照磨林熑鎮撫管宗政教授曾汝巽學正王實山陰達魯花赤阿兒渾沙會稽主簿法都忽剌乾隆府志俱未載

繹山刻石碑高八尺七寸廣四尺四寸文十一行行二十一字篆書徑三寸題記共四行行六十三字一正書一隸書俱徑一寸二分

皇帝立國維初在昔嗣世稱王討伐亂逆威動四極武義直方戎臣奉詔經時不久滅六暴強廿有六年上薦高號孝道顯明既獻泰成乃降尃惠親巡遠方登于繹山羣臣從者咸思攸長追念亂世分土建邦以開爭理功戰日作流血於野自泰古始世無萬數陀及五帝莫能禁止迺今皇帝壹家天下兵不復起災害滅除黔首康定利澤長久羣臣誦略刻此樂石以著經紀

皇帝曰金石刻盡始帝皇所為也今襲號而金石刻辭不稱始皇帝其於久遠也如後嗣為之者不稱成功盛德丞相臣斯臣去疾御史夫〻臣德昧死言臣請具刻詔書金石刻因明白矣臣昧死請制曰可

秦相李斯書繹山碑跡妙時古殊爲世重故散騎常侍徐公鉉酷躭玉箸垂五十年時無其比晚節獲繹山碑摸本師其筆力自謂得思於天人之際因是廣求已之舊跡焚擲略盡文寶受學徐門粗堅企及之志太平興國五年春再舉進士東適齊魯客鄒邑登繹山求訪秦碑邈然無覩逮於旬浹怊悵于榛蕪之下惜其神蹤將墜於世今以徐所授摸本刊石于長安故都國

子學庶博雅君子見先儒之指歸淳化四年八月十五日承奉郎守太常博士陝府西諸州水陸計度轉運副使賜緋魚袋鄭文寶記至正元季歲在辛巳二月初五日承德郎紹興路總管府推官魯人申屠駉以秦刻校涂摸重鐫於越庠之稽古閣

四明王永仁刊

顧炎武金石文字記功戰日作當是攻字古人以攻功二字通用齊侯鎛鐘銘肇敏于戎功作攻周禮肆師凡師不功則助牽王車故書功爲工鄭司農讀爲功古者工與功同字

陳奕禧金石遺文錄碑云窺輈遠方卽親巡陀及五帝卽他字楊升菴金石古文作施右旁他施雖相似而左旁方阜則不同宜從他爲近害菑滅除害字上無點篆形似周金薤琳琅以爲周非

王澍虛舟跋始皇嶧山石刻在二十八年而碑詞有廿有六年上薦高號之語與史不同按始皇紀二十六年初幷天下議帝號稱成功號曰皇帝故曰廿有六年上薦高號也至廿八年乃東行郡縣上鄒嶧山而立石焉上鄒嶧山爲始皇東巡之始立石嶧山爲始皇立石之始而史獨不載其辭不可解也

畢沅關中金石記史記繹作嶧金石刻因明白矣作刻石因明白矣中動作勭與婁壽碑固

不从心字同戫作戎从十十古文甲字戎早等字因之彶作攸説文解字曰攸行水也從攴人水省秦刻石作汥今此作攸蓋用水省之意優於許而與汥則不相合矣又強作强上變口專作専中變田建作建下變乚數作數譌聿爲肎襲作襲譌㫗爲㫖者作耆省右筆德作德省中筆此皆于六書之正不合又壹作壼金作金亂作亂極作極逆作逆此雖互異猶未失籀篆之正者也

王昶金石萃編按鄭文寶記稱是刻模本徐鉉晚年所得鉉挍定説文末附篆文筆迹相承小異者十三字其中親言亻宪無長六字皆引李斯刻石爲證然所載𠂤字注云説文作𠂤李斯小變其勢蓋即指刻石中既字之旁猶親字彡字皆舉其半言之然模本既旁作𠂤而説文作𠂤必傳寫之譌

阮元兩浙金石志案説文𢻃秦刻石嶧山文攸字如此乁秦刻石及如此今此刻仍作攸字及字蓋亦徐鼎臣等所改非復先秦舊觀矣余讀此文亦間二句用一韻與會稽刻石同首王方强明方長六字爲一韻次理始止起久紀爲一韻古讀久如已詩邱中有李彼留之子彼留之子貽我佩玖可證自皇帝曰以下則爲無韻之文

按碑從宋鄭文寶刻重摹然鄭刻攸字中直作二筆此本誤連跋中再舉進士下有不中

二字此本誤奪攷楊東里續集有云嘗見陳思孝論嶧山翻本凡七長安第一紹興第二浦江鄭氏第三應天府學第四青社第五蜀中第六鄒縣第七金石萃編稱今止存西安江寧至元癸巳李處巽刻紹興三石而已申屠駉字子迪壽張人父致遠元史有傳駉游寓高郵登進士第歷官監察御史至福建廉訪僉事

會稽刻石碑高八尺七寸廣四尺四寸文十二行行二十四字篆書徑二寸五分題記三行行六十字隸書徑一寸五分又二行行十七字隸書徑一寸題名二行一隸書一寸一正書徑六分

皇帝休烈平壹宇內德惠攸長卅有七秊親巡天下周覽遠方遂登會稽宣省習俗黔首齊莊羣臣誦功本原事迹追道高明秦聖臨國始定刑名顯陳舊章初平灋式審別職任以立恆常六王專倍貪戾慠猛率衆自強暴虐恣行負力而驕數動甲兵陰通閒使以事合從行爲辟方內飾詐謀外來侵邊遂起禍殃義威誅之殄熄暴悖亂賊滅亾聖德廣密六合之中被澤無疆皇帝幷宇兼聽萬事遠近畢清運理羣物考驗事實各載其名貴賤並通善否陳前靡有隱情飾省宣義有子而嫁倍死不貞防隔內外禁止淫泆男女絜誠夫爲寄豭殺之無辠男秉義程妻爲逃嫁子不得母咸化廉清大治濯俗天下承風蒙被休經皆遵軌度咊安敦勉莫不順令黔首脩絜人樂同則嘉保泰平後敬奉灋常治無極輿舟不傾從臣誦烈請刻此石光陲休銘

秦會稽刻石諸書記載俱云在秦望山宋時已不可得元至正初推官申屠駉曾覓舊本重橅與徐鉉繹山碑表裏刻之置諸郡庠說見金薤琳琅及金石林時地考乾隆五十五年余來守是邦訪之惟繹山碑獨存其會稽石刻一面已爲石工磨去良可惜也因檢舊藏申屠氏本屬金匱錢君泳雙勾勒於原石仍還舊觀㠯與好古家共之後二季閏四月朔知紹興府事鐵嶺李亨特題記

江寧劉徵刻

曉園郡伯重摹此本神骨蒼然如姚令威逢采藥人時也壬子秌七月望北平翁方綱識

嘉慶元年三月十八日督學使者阮元題

嘉慶二年四月權教授陳焯觀

申屠駉跋李斯書嶧山頌淳化間守太常博士鄭文寶以徐鉉所授本刻於長安國學泰山頌至元間行臺侍御史李處巽獲劉跂所摹本刊於建鄴郡庠由是其迹僅存而所傳寖廣予考諸紀載始皇及二世抵越取浙江岑石刻頌於山亦斯筆也磨滅久矣好古博雅者葢願見而不可得予乃以家藏舊本摹勒置於會稽黌舍庶與嶧泰等文並貽於後但史記攸長作脩長卅字作三十追道作追首又作追守軌度作度軌今則俱依石刻至正元年辛巳

歲夏五月望日承德郎紹興路總管府推官東平申屠駉識

都穆金薤琳琅按史記始皇三十七年上會稽祭大禹望於南海立石刻頌秦德後其石人稱秦望山碑山在會稽縣東南四十里宋書載竟陵王子良逌日登秦望山主簿范雲以山上有秦始皇石刻人多不識乃夜取史記讀之明日登山雲讀如流子良大悅以爲上賓則晉宋以來石固無恙歐陽公趙明誠皆好集古文不應此獨見遺鄭夾漈通志金石略雖嘗載之而云疑在越州亦無眞見此皆予之所未曉者元至正初東平申屠子迪爲紹興路推官以家藏舊刻刻於路學卽今之所傳是也然不知其先何從得之予觀其字畫與嶧山碑絕類豈亦出徐鼎臣鄭文寶之所摹而申屠氏嘗藏之歟又申屠氏跋謂石刻與史不同者數字今按史云有子不嫁石刻作而嫁史云殺之無罪石刻作無辜史云和安敦誠石刻作敦勉則又跋中之所未及漫識之春生按史亦作而嫁作敦勉與石刻同石刻亦作無辠與史同都氏所辨三字無一合者不知其所據何本也

按金薤琳琅載申屠子迪跋自係元刻所有今此刻旣云以舊藏申屠氏本勒石而闕跋何也意所藏者亦臨摹之本非搨本歟兩浙金石志稱從仁和趙氏魏家藏舊本補錄之

總管宋公去思碑碑高六尺八寸廣三尺四寸額篆書紹興路總管宋公去思碑十字五行徑二寸八分文三十四行行六十字行書徑八分

紹興路捴管宋公去思碑銘并序

奉政大夫江淛等處儒學提舉黄溍撰

徵事郎前江西等處行中書省管勾承發架閣庫趙宜浩書

承德郎紹興路揔管府推官申屠駉篆額

至正二年南陽宋公守越之又明年也其年春

廷議以山東鹽筴之利經費所資擇可爲都轉運使者無以易公遂特命焉越之士民以去

天遠無從上借留之請求紀公善政以表去思始公之至知以師帥自任大治其廟學而一新

之溍幸獲執筆志歲月它善政本宏大懼未易論述辭至再而其意愈堅且曰子嘗有職業于

太史氏必子言乃可傳信溍不得卒辭也越於東南爲雄藩公下車甫二十閲月而恩威並施

事無不理去而使人見思非優於才具閑於政體何以至是哉蓋民之有役自古而然今之患

在乎力不稱事不均耳前是役於坊隅者其一隅四季各以三人公則增爲七人役於州縣者

其一都亦增至十有五人而力不患其不稱矣先大家次商賈又其次寺觀之有羨田者俾分

任役事三歲而一周則復以次受役而事不患其不均矣簿書期會有當追逮程督者悉用例

設牌限未嘗輙遣一卒州縣視以爲則民用弗擾城□酒榷歲爲錢七萬五千餘緡始嘗驗其

物力以爲高下而歷歲□□登耗不齊無徵而當代輸者居什之六公令止以見設肆之家第

其等級日斂而月解人皆便之郡民歲食鹽二萬餘引貧而失業者窘於斅買富而在□□迫於應辦民力已竭而官賦未充公之至也首入錢買家人所食鹽以口計者二十餘於是僚佐暨掾曹屬部莫不計口入錢而有司所覈民閒戶口□□□實者舊法鹽一引官價百五十緡僦索十緡而已今乃使赴倉納正價二百緡官收其四之三如故而富商大賈坐取其一公言于行省請止具官價□□□運司尋得請給引六百後遂踵而行之民力以紓瀕海轉漕官糧爲患尤大先是其千夫長淩蔑有司倍取斛面且縱市井無賴恣爲攘竊莫敢與之□□□米九萬餘石而折閱者五千餘石責償於郡及其倉之官攢斗級有弗能堪而致疾以死者公既至首正攘竊之罪且親摠其出納嗣歲爲千夫長者□□□省檄去復踵故習以逞公數擿其過白于行省簿責之乃帖服所運米四萬三千餘石訖免折閱郡學故有宋丞相史越王所剏義廩爲田三千畝儁家及□賢之後無以具婚喪之禮者予米五石比歲不以時給而又有剋取之弊其挾勢要而來者乃濫予而莫之禁公爲考正舊規擇善士司其事人多賴之□□以淫雨害稼不能自食公謂天灾流行貧富同之勸分固善或者吏得舞手其閒則貧者未蒙其利而富者先受其病矣乃用權宜假常平義倉所儲□□□潦旣除而繼以旱公聞有龍湫在山陰號銅井將往禱焉吏白地勢幽阻請無往公弗聽躬詣其處俄有靈物蜿蜒現水中雨隨

至三日而止歲則大熟□□民一本於仁愛然嫉惡最甚往時黠胥健卒牢共漁獵其民豪右或武斷鄉曲部使者繩以法而猶不悛軍伍恃非所統尤暴横公先揭牓諭之使自遷□其稔惡者乃痛懲之無少貸仁和縣以僞鈔誣山陰縣民及寺僧數十人公燭其姦斥去持文書者躬白狀于帥閫及浙東西憲府以杜其方來海濱多盜會稽縣逮繫刼殺商主者一十餘人公奉

朝旨督捕殺掠官民船者所獲又五十餘人皆先窮竟其情乃以付所司並緣攀引之害遂絕田里以安於是

上方分命宰臣出臨江浙公以治最特見委任至於和市官段閱視公庫剔除宿蠹尤多蘭亭書院在郡西南二十里所晉人稧飲故處也公以爲右軍墨妙世所貴重羣賢所述人鮮知之乃捐俸貲重刻龍眠李氏所圖及詩以傳公之餘力有以及此其政事之整暇可見矣公名文瓚字子章世居南陽府之裕州累掾臺省由浙西憲司經歷遷江浙行省左右司都事入爲兵部員外郎應左右兩司都事拜監察御史遷中書左司員外郎出爲江浙行省郎中召除大宗正府郎中進禮部侍郎改同僉儲政院事未上擢杭州路捴管踐敭中外績用甚著潛竊惟昔之美召伯誦子產者直於其所治之國指一時之事以爲言故潛於公之善政它皆弗敍獨敍

越人所稱道者繫之以詩用慰其思云銘曰

帝奠八紘周綏以仁孰承孰宣用康我人巖〻會稽作鎮南服維時宋公克宅乃牧德政扇達士類嚮風曰有師帥新美之功民吾同胞爰求其瘼役歸乎平斂從乎薄或倚其法以削吾民指則在臂由公屈伸征榷之豐灌輸之裕國計弗虧民病亦去弭灾捄荒公不憚勤光揚義舉彌久益振猛以濟寬陽開陰闔巨猾既除羣姦震讋意所不顧萬夫莫回竅郤之閒游刃恢〻獄無蔓延徒不株送梭櫂桁楊栖寘弗用政清民寧乃息乃游詠彼舞雩追踪前修徽譽流聞

上徹

宸扆鋒車在門公去不止惟古循吏所去見思千載而下公尙似之酌于民言勒茲樂石匪今斯今式示無極

至正二年三月　日越郡士民立石

阮元兩浙金石志洪頤煊云王佐格古要論周府蘭亭禊圖蓋摸李公麟所畫比山陰禊圖稍細密又云今浙江紹興府山陰縣自國朝洪武中有蘭亭流觴曲水圖石本流傳於世未知何時人刻蓋未見此碑也宋刻本今亦不傳

按劉伯溫有宋公政績記稱公爲紹興嘉禾生於郡郡人歌之乃此碑所未詳者又稱除

山東運使歷刑部尚書大都路總管兩淮都轉運使以老病謝事居紹興蓋公以越爲桐鄉也攷越庠名宦祠獨不及元代如公及張公昇王公克敬泰不華公九十公貢公師泰邁里古思公皆不得與非吾邦之缺事歟黄溍字晉卿義烏人元史有傳趙宜浩山陰人泰定四年李黼榜進士至正三年任松江府推官見蕭山覺苑寺興造碑十四年任黄巖知州見元史順帝本紀

王貞婦碑 碑高五尺四寸廣三尺四寸文十九行行二十八字篆書徑一寸二分

王婦者夫家臨海人至元十三秊

王師南王婦夫舅姑俱被執師中千夫將見王美麗乃盡殺其舅姑與夫而欲厶之王婦憤痛即自殺千夫奪輓不得死責俘囚婦人襍守之婦欲死不得閒自念當被汚即詳曰若殺遭舅姑與夫而求厶我所爲妻妾我者欲我終議事主君乜我舅姑與夫死而我不爲之衰是不天乜不天君焉用我爲願請爲服朞月苟不聽我〻終死爾不能爲若妻乜千夫畏其不不難死許之然猶謚置守明秊春師還挈行至剡水上守者信之滋謚懈過上清風嶺婦仰天竊歎曰我知所以死矣乃齧拇指出血寫口占詩山石上已南鄉望哭自投崖下以死或視血則血漬入石間盡已化爲石天且陰雨復見血墳起如始日當是時后妃嬪媛不死之三公九卿不死

之𢀳國守邊大吏不盡死之而貞婦獨守死下从舅姑與夫獨何仁乜夫人秉彝之性靡不有乃匹夫匹婦出之家㠯驚動萬世苟人〻慮此則金湯不足論䒑固矣鉤戟不足論䒑強矣志士仁人不足論䒑知矣何有去國僨家之悳彼貞婦何爲者顧奮爲刭丈夫之所不必爲唉寔爲而有不爲悲夫坐治閒䒑邑丞徐端爲起石祠對碑祠中㠯旌䒑鬼焉余曰始遻見長老言貞婦所从死不能悲乜後身過䒑地見拇血化爲石追念貞婦決死時旁皇悲傷不能去豈䒑鬼未泯尙猶感人𢀳謬乎匹夫匹婦顛沛淋離誠能動天如此夫天〻豈〻遠〻人〻哉〻永嘉李孝光記亞中夫〻紹興路總管兼管內勸農事泰不華書

四明王永仁刻

碑陰 高一尺一寸廣二尺二寸十五行行六七字不等行書徑一寸一分

兼善侍郎遷紹興總管諸公分題作詩餞行得淸風嶺乃爲賦淸風篇

康里巙

淸風嶺頭淸風起佳人昔日沉江水一身義重鴻毛輕芳名千載淸風裏會稽太守士林英金榜當年第一名一郡疲民應有望定將實惠及蒼生

阮元兩浙金石志泰不華史稱其善篆隸此則學石鼓文而稍變其法者康里巙詩筆致淸

逸書尤瘦勁絶倫山居新語載其與楊瑀論書曰余一日寫三萬字未嘗輟筆可見其造詣深矣

按輟耕録王婦於至正間旌爲貞婦疑即泰不華任總管時所上請者此碑之立當在其時乾隆府志列至治間蓋誤會記文徐端樹碑祠中語不知至治自有石刻在清風嶺祠中也至治石刻徐端作徐瑞府縣職官志並同惟此碑與明景泰三年呂原所撰祠記俱作徐端未知孰是貞婦宋史有傳即採李孝光記爲藍本清風嶺在嵊縣北四十里嶺舊多楓樹本名青楓後人改曰清風其題石詩載輟耕録云君王無道妾當災棄女抛男逐馬來夫面不知何日見此身料得幾時囘兩行清淚偷頻滴一片愁眉鎖未開迴首故山看漸遠存亡兩字實哀哉余攷至正金陵新志有云溧水州花山節婦者游山鄉人姓名不傳至元丙子間大兵虜至崇賢鄉碑亭橋嚙指滴血於橋柱上題詩畢即投水而死後人以花山節婦名之里士濮梅山記其詩曰君王有難妾當災棄子離夫被虜來遙望花山何處是存亡兩地亦哀哉二婦事蹟頗同但亂離之際誓以身殉不謀而合者有之惟兩詩不應相同此必因王婦之詩而誤傳者故脱其中兩聯而合首尾爲截句也李孝光字季和號五峰樂清人元史入儒學傳泰不華字兼善伯牙吾台氏父官台州録事判官遂居於台至治元年進士第一後死方國珍之難

贈魏國公諡忠介康里巎元史本傳作巎巎字子山兼善嘗師事五峰故莅越而刻此記并以子山贈行分題詩附勒碑陰意雖表章貞烈亦隱寓師友之誼焉〇至治石刻不知何時遺失余訪尋不獲今從兩浙金石志錄附於後

烈婦王氏事迹額篆書烈婦王氏事迹六字三行文二十行正書

王氏婦赤城人也家世未聞至元丙子天戈南指士馬充斥有自赤城得王氏挾至剡青風嶺王氏爲詩嚙指血書于石崖自溺死見者莫不盡然爲之傷感或作詩嗟悼之余來佐剡道越見宣武將軍紹興路鎭守脫帖木爾爲余道其事且曰昔鎭剡時欲紀之石未果也君其圖焉余至邑詢父老間往往能道其詳且得所爲詩後過其處復見其遺蹟至今四十餘年苔荒雨蝕字幾不可辨而血痕漬石間隱隱也夫一念之烈貫徹金石久而不泯亦異矣噫殺身成仁聖人惟許之志士仁人今以一婦人而能奮不顧身視死如歸豈不難哉余懼事愈久而跡愈泯與同寮謀而語之邑人卽其旁築小室刻其事於樂石以傳諸遠以俟採錄焉蓋亦厚風俗之一端也併系其詩于左至治二年歲在壬戌夏五月從仕郎紹興路嵊縣丞東平徐瑞述

王氏詩

夫君不幸妾當災　棄女拋男逐馬來
夫面不知何日見　妾身還是幾時回
兩行怨淚頻偷滴　一對愁眉怎得開
遙望家鄉何處是　存亡兩字苦哀哉

典史沃壽甫楊沐

紹興路嵊縣尉徐垓

從仕郎紹興路嵊縣主簿薛良弼

從仕郎紹興路嵊縣丞徐瑞

承直郎紹興路嵊縣尹兼勸農事張忙兀歹

忠顯校尉紹興路嵊縣達魯花赤兼勸農事別都魯丁

重修南鎮廟碑碑高六尺三寸，廣三尺一寸，額篆書「重修南鎮廟碑」六字，三行，徑三寸。文二十行，行四十一字，隸書，徑一寸五分。

會稽山在郡城東南十五里，地氣廣博而隆㝱，峯巒蒼翠，上出霄漢，而天柱石驪臥龍諸山皆環列其下，如臣妾之皁大君，罔不頫伏趍鄉。周禮職方以爲揚州之鎮。信夫隋開皇十四年始即山立祠，唐天寶十載詔封永興公，祭用南郊之日，歷代遂著常祀國朝加號王爵以孟春之月遣使齎香幣祠一太牢守吏豈宿具三獻禮其崇報之典視昔有加焉獨廟無守者有司又少涉其地風雨麦暴久而不免於摧敗傾壓矣至正四年春廬陵夏君日孜來為尹以故事謁廟下顧瞻旁皇曰尚可緩乎亟詣郡白狀郡長貳咸是其議俾更新之於是邑人相率分事竭作去其朽蠹易以堅良既增既廓百度具興閱三月工師告成重門廣庭挾以脩廡殿寢閑閑齋廬翼翼神庖賓館悉稱弘麗且命道士陳道盛守之盡歸故田奉祠事餘以給其食鼓鐘之聲鏗鍧四達齋心竭誠朝夕惟謹然後彥稱

朝廷敬恭明神之意而山靈川后鬼物衞從百怪之狀亦欻然森布流動於煙雲莽蒼中矣竊惟古者諸侯祭竟內山川而天子輒行四嶽則舉望秩未聞其祀鎮山也史傳雖稱秦皇東祠會稽而亦未聞其廟祭也然則歷世共事弗絕何歟蓋山川能出雲雨則法當報祀而其神明之會非假屋室象設安無以寓其眷眷款款之誠也南鎮之廟所以歷千數百年而益盛也邪況世傳神禹之興嘗朝諸侯於斯乎嗚呼神人協和而後理化大行六沴不作百穀用登吏茲土者其可昧所重輕哉然廟雖隷縣竟而山實一郡之望山雖望於一郡而靈氣周流未嘗不上下礴礴乎吳楚之域斗牛之虛也是役也固以見郡政之舉而夏君亦知所重輕矣因作迎送神詩二章俾邦人歌以侑祀曰

神氣磅礴兮下廣湀鎮南服兮鬱嶔崟宮庭伷兮孔碩松與栢兮蕭森神之施兮澤霈惠我民兮不疕吠悉錫祀兮自天函香兮孔蓋神穆〻兮降升載雲霓兮翠曽來儵忽兮従如雨肸豐融兮亐豆亐登

湖之顛兮山之陽神燕娭兮中堂歆參差兮拊鼓折瓊華兮奠茱漿神將歸兮載起龍兩服兮旗旖旎神不留兮柰何我之思兮曷已野有稉稌兮隰有蒲荷俾民樂康兮降福不榔春麴兮灌薦風雨兮崇阿

承務郎紹興路總管府推官貢師泰譔　亞中大夫祕書卿泰不華書幷篆額　會稽范文遠刻

錢大昕潛研堂金石文跋尾南鎮唐封永興公宋政和三年封永濟王金改永興王元大德二年加封昭德順應王此碑云唐天寶十年詔封永興公歷代遂著常祀國朝加號王爵似未攷宋金加封故事矣碑爲縣尹夏日孜修廟而作日孜字仲善吉水人至順元年進士史稱泰不華善篆隸温潤遒勁今得此碑亦略見一斑矣

阮元兩浙金石志貢師泰字泰甫宣城人雲林先生奎次子也見元史著有玩齋集泰不華八分僅見此碑固當以篆爲優也

按忠介公此碑隸書多以篆法行之越中碑爲公書者隸書有此篆書有王貞婦碑楷書有鳳山上乘寺記皆完好無一剝蝕處豈非其忠義之氣有以呵護之歟

護聖禪寺接待局記

碑高六尺七寸廣三尺額篆書會稽縣護聖禪寺接待局碑記十二字三行徑三寸四分記二十三行行三十九字又重立年月一行俱正書徑一寸一分

會稽縣護聖禪寺接待[闕]

[闕]妙辯大師大寶林教寺住持比丘大同撰

[闕]祕書卿泰不華書并篆額

護聖禪寺接待局者上人正宗爲方外雲水設也按郡志寺在縣東五十里周顯德初建院有磚塔因建千佛[塔院]宋大中祥符二年七月內改　賜今額門當孔道凡杖屨台明驅橋吳楚一於是問津蓋東南□□也□無恒產僧皆星居賴檀施度寒暑浮圖氏之有事四方若淸信士女禮三佛於海上訪□眞於□□□□□無所舍且乏食飲晝日過午行役告罷或昏莫風雨雪中莫不倉皇顚頓況東望曹江□□□□西望□川煙水渺然往往憂懼大以爲病正宗天台人受業兹寺歎曰吾寺之建久矣其不□□□□□□□地在無□計顧非此方之缺典歟於是出巳田若干畝經始之且研金書法華妙典以□□□□□□僧至寶與戒珠寺僧普見

大慶寺尼能興郡之□士唐元壽同母親張氏妙慧各捐土田以助而又勸募樂善者相其成既而田有入地可蔬山可□而□□成矣然□樹□刹則不免有司之擾□□□□□兼并之憂不若依寺而別爲之局之爲惠久也乃卜寺之東偏而相攸焉□□□□罔不畢集自重紀至元之丙子歲始厥後暑月道喝奉湯劑以飲之□□□涉作舟筏以濟之豈專於學佛之流而士庶咸利賴焉一日過余竹深處而言經營勞□後先十□幸而□有成過者可以食息然恐月異而歲不同願書于石以勸余曰昔人汲汲壹是尋師問道今人營營率多獵名漁利□□如織孰辨是非其登是門可接而待者幾何人宗曰吾氏以大悲爲本能目擊其飢渴跋涉而無□乎勉□於此作平等供使東西行者飢則解腰而共飯倦則濯足而就□垢者湔□者□不擇凡聖不問賢否無遠迩無戚疏無少長至者如歸千萬人中寧無一二如鰲山之雪峯比哉兄夫山陰之柯亭慈水之東皋武林之北關初皆蘧篨一厦及其成也煒然金碧之區與大道場相埒鐘皷一聞巾鉢□集至于今弗替其利人之心弘誓之力增長成就有如此者然則吾局之成他日□人□充而大之或庶幾□□□地爲香積國所待之士爲人天師若見若聞皆到大安樂地又豈止爲柯亭東皋北關甲乙授受而已耶余聆此言合掌歡喜無所致詰遂筆其槩使歸而刻之至元乙酉歲巳卯月哉生明

住山比丘處經　建局比丘正宗

大明景泰壬申歲庚戌月乙酉日傳法□□比丘法照重立石

按護聖寺元末遭兵燹碑亦俱燼明僧法照得舊本重刻之見碑陰照所述護聖寺興替草略大寶林寺在越城龜山之麓大同字一雲號別峯上虞王氏子傳賢首宗教至正初御賜金襴伽黎衣帝師大寶法王亦俾六字師號曰佛心慈濟妙辯大師入明洪武三年卒年八十一宋文憲公爲作塔銘所著詩文集名天柱稿唐元壽字彥常自號種山樵者有題董泰初長江偉觀圖詩傳於世乙酉乃至正五年碑書作至元一時筆誤也

會稽縣重修儒學記

碑高六尺七寸廣三尺六寸額篆書會稽縣重修儒學記八字四行徑三寸記二十四行行四十四字行書徑一寸二分題名一行正書徑八分

會稽縣重修儒學記　郡人趙良魁鐫

承務郎江淛等處儒學副提舉李祁文

承務郎紹興路総管府推官貢師泰書

夳中大夫祕書卿泰不華篆額

浙以東會稽爲越望縣民士繁夥衣冠禮樂彬乎往昔學校宜異它所而荒圮弗治迺復過之至正四年春〔盧〕陵夏君日孜來爲令褐謁庭下起而愀然曰學校守令職也以余爲邑

長於斯而其弊若此何得不懼迺者尙書奉
明詔以六事黜陟守令而學校先焉視前不在五事之科者爲益重
上之人意嚮若此何得不承遂捐奉以倡夫士之在籍與夫民之好義者咸踴躍趨事上而郡
監阿思溫沙公郡守薛公贊其成下而僚佐胥史相其役首撤禮殿而更之梁棟榱桷瓦甓
丹黝一以□備次至從祀之廡設戟之門會講之堂訓徒之舍庖庫器物各以序成既又徙
文會亭休來游之士闢東西衢畤崇儒之門經始六月庚申以中秋上丁率諸生行釋奠禮
蕆厥成事巍焉袞冕穆其有容登降祼薦罍籩豐潔翼二秩二將事唯謹四方來觀者莫不
感歎欣悅以爲邑所未有君復大集俊秀充弟子員禮士之有行義文學者爲之師豐其廩
嚴其規□底于成於是會稽之學校視它邑爲稱首矣時余以浙省校試愛越山水爲一至
焉蓋嘗見其勤若是今年被
命來浙提舉學事而邑人士請文以刻于石余按會稽有學舊矣至元丁丑燬于火後廿五年
爲大德□丑□營□焉又三十年爲至順壬申嘗一脩治而獨有事于禮殿今又十二年矣
六七十年間因陋就簡宜其弊之日甚無恠也君之來也理學官如理家纖悉事必已出日
躬造督其程役使爲守令者□□以勸其職有弗脩□乎□□

朝廷更令之初君首盡心所事以稱
意旨亦有倡之而不和者此其人何如也君之在官訟清而役平賦省而民裕胥卒不敢至□
□□君之賢當□□不舉未可知而在君無歉矣雖然學校非徒設也邑之士子苟求無負
於君之用心□必本之以躬行務□□□學深求源委而無習乎淺陋力就充實而毋事乎
矜浮將見道明德立出而爲邦家建太平之□□然後爲
朝廷慎選守令之意余亦何幸又見其教化之成也君字仲善上世累□儒科至君兩舉江西
魁其鄉□□而爲茲邑所至聲譽焯著其宰邑之善當有備書之者獨書其脩學大略以勸
來者云

至正五年龍集乙酉七月庚戌建

將仕佐郎前會稽縣主簿程脫因　保義副尉會稽縣主簿買驢　典史王恭縣史徐
祥相成
會稽縣儒學教諭張用庚訓導傅巖儁士陳元圭宋友直楮悳靜諸葛通甫許國華鍾
思誠李興祐許國平李元之學吏詹德元立石
按碑云明詔以六事黜陟守令而學校先焉視前不在五事之科者爲益重攷元史選舉

志五事爲戶口增田野闢詞訟簡盜賊息賦役均惟順帝所增一事史無明文止載至正四年詔定守令黜陟之法六事備者陞一等四事備者減一資三事備者平遷六事俱不備者降一等今讀此碑方知其一爲學校也李祁字一初號希蘧茶陵人入明抗志不仕以終白野公篆額銜名一行獨用分書與蕭山覺苑寺興造記同總管達魯花赤阿思溫沙乾隆府志未載又教諭張用庚作用康主簿程脫因作縣丞府志俱誤

重建旌忠廟記碑高六尺五寸廣三尺四寸額篆書重建旌忠廟記六字三行徑三寸五分記二十五行行四十一字正書徑一寸一分

紹興路重建旌忠廟記

旌忠廟者宋唐將軍之祠也按郡志將軍名琦開封人宋衛士也建炎四年金人陷汴京破杭入越　李鄴以城降金帥兀朮遣其下琶八與鄴同鎭越時高宗自越幸明將軍不得與從行囙留越會琶八與鄴並騎出將軍懷巨塼伏道旁卽奮擊之不中被執將軍罵不絕口并數鄴罪遂遇害暨金平邦人壯其忠勇請建祠賜額乃作今廟云廟在郡城東南歲久弗治老屋數椽與民居參伍過其下者漠不之省至正六年郡推官貢侯詢諸父老知其故倡言曰欽惟

國家混一宇內明教化爲出治之本嘗

詔有司於凡忠臣孝子之祠墓享祀無替

恩至渥也將軍廟祀於越舊矣而今祠宇若此弗葺久將泯焉迺率先捐俸謀作新之自長貳僚屬以下皆是其議而樂爲之助經始於十一月廿八日迄功於七季二月望日凡爲屋若干楹繚以周垣甓以甬道外爲門以表其廟額堂搆完美象設嚴備始有以妥靈於神而起人之觀瞻矣鄉人士義侯之舉屬泰亨爲之記嗟夫義者天下之公人心所同然也方將軍奮力狙擊發於義者勇矣當是時城陷帥降勢已顛沛將軍豈不知其不可以力勝哉而毅然求幸中於一擊以泄其忠憤之氣□有義而不知有其身也及事之不濟遂能慷罵就戮視死如歸有不暇顧者矣不然將軍非有民社之寄節鉞之任而甘以匹夫之怒寘其身於必死之地哉故以死事論將軍有所未至原其忠義激切要　爲國雪恥則其志有可感者矣且廟祀之設特以義之在人心不能忘耳迨今二百餘季有廢無葺安在其爲義哉貢侯獨能撤而新之蓋爲人心世教計也夫居長民之職能拳二於人心世教者不可以不記矣名師泰字泰父宣城人繇國子員入官荐歷舘閣其治越也清强公恕開敏善斷獄市多所平反士民樂之有古循吏風云寗國路儒學教授夏泰亨記郡人呂中立書太中大夫祕書卿泰不華篆額

至正七年　月　日

將仕郎紹興路錄事司達魯花赤赤薦列圖

將仕郎紹興路錄事徐觀

士民李節　孫鼎　丘琢孫　費琢　唐元禮　丘文質　唐元固　富處善　唐元

壽　丘文允　趙儀　錢德鈞　趙麟　樊德　韓能之　立石

吏董國祥　傅懋督工　釋子模奉祠

四明王永仁刻字

阮元兩浙金石志夏泰亨字叔通會稽人九歲能屬文延祐四年領鄉薦歷官翰林編修以文雄東南著有詩經音考矩軒文集

按金師入越乃建炎三年十二月事記作四年誤或琦死義在次年爾琦見宋史忠義傳廟建于傅公崧卿爲守時請廟額未報代傅者爲陳汝錫復以爲言乃賜額曰旌忠隆興中郡守吳公芾增葺屬其客陳澤作修廟記今不存錄事徐觀乾隆府志未載

祀南鎮殘碑 高廣行字俱不可攷存三十三行正書徑六分

前闕以□月初一日至會稽是夕偕監郡□思丁闕公□郡官□宿祠下詰旦五鼓大合樂□神

祠闕俛興□奠禮無違者□闕其出于代祀之□紀述闕監郡公曰江南自至元內附有年于
闕至止者何限不有□稽諸而刻止此惜其既往闕俟夫方來之不勝記謂宜植碑於廟以與
茲山相爲闕而□之越明秊碑成且命郡文學掾粹初爲文闕天垂□□日星地秉陰竅於山
川惟我
闕祀之主故靜而與太極同體則闕太極同用則萬物得□四□□□闕漢唐□三代而況□
□□□□闕千里外所□□□□跨江浙挾閩海凡□□之闕風雨以時□□□□□闕豈非
神□□□□陰隲默佑以昭答
闕貞石以貽來者後闕三行
闕九年歲次己丑三月望日□□□□李粹初撰
通議大夫禮部尙書領會同館事泰不華篆額
闕總管府達魯花赤兼管內勸農事知闕
闕大夫紹興路總管兼管內勸農事知渠闕
中□大夫同知紹興路總管闕
奉直大夫紹興路總管府治中常□安

承直郎紹興路總管府判官列彧

承德郎紹興路總管府推官艾慕默

承直郎紹興路總管府推官馮執中

承事郎紹興路總管府經歷吳中

登仕佐郎紹興路總管府知事白友直

提控案牘兼照磨承發架閣武瑛

至正九年四月　日立石　路吏董國祥督工王泰陳道盛

四明王永仁刻

按明天順間將是碑磨毀改刻會稽山神廟重修記中有字跡未盡泯者因搨而視之多漫漶不能讀惟題名數行適值空處尚約略可辨其撰文者爲李粹初自稱郡文學掾蓋路學教授也總管結銜內有知渠字攷至正三年吳山承天觀碑杭州路總管任處一松江府廟學碑平江路總管和立平皆以知渠堰字四字入銜當是至正新制也總管達魯花赤口思丁以下諸官乾隆府志俱未載○按南鎮諸碑余俱撫拓無遺惟嘉慶山陰縣志有延祐七年南鎮降香記兩浙金石志有致和元年祭南鎮昭德順應王碑徧尋不獲兩碑既載於二書則必近

時所毀滅者今附錄其文於後

南鎮降香記額篆書南鎮降香之記六字二行記十七行正書

南鎮降香闕

前慶元路慈湖書院山長韓性撰

紹興路儒學教授劉洪書

會稽爲東南鎮山見於周禮職方氏之所載繇漢以來莫不祀事史志所載可攷也迨唐

封永興公

聖朝大德二年加封王爵牲牢禮秩與爵俱升遣使介修祀祠下歲以爲常延祐七年

皇帝嗣大厤服爰命近臣奉

上方白金寶旛銀香奩禮於王廟昭異數也守臣紹興路達魯花赤阿剌納津等拜手稽

首言曰若稽古昔受命之君必徧於羣祀以即位告其山川之神則有四望之禮若虞書

望於山川是巳恭惟

聖朝奄有九有土宇昄章亘古莫及

陛下統和天人嶽瀆五鎮之祀必即其所式表敬恭視古有加焉

詔旨之頒邦人士懽抃鼓舞以覲上儀明神顧歆昭荅

明命邁相

皇圖億載無斁臣阿刺納津等濫膺郡紱忻逢

盛旦謹刻堅珉以垂永久云

延祐七年□月

祭南鎮昭德順應王碑分二列上列祭文十七行下列刻石記二十一行並行書

維致和元年四月癸巳朔越廿有九日辛酉

御位下必闍赤託鐵穆爾集賢待制周仁榮欽奉

聖旨致祭于南鎮之祠於是與與祭官紹興路總管于九思謹潔牲牢醴齊祭告于

南鎮昭德順應王

聖天子之意若曰惟爾

明神宅茲南鎮越自遂古祀事有嘉爰命爾臣聿將朕命有事于祠蘄感而應今既至止

縟典是盛牲牢庶品誠與儀稱

明神歆假式昭視聽純嘏肸蠁時其休徵尙

饗

□□□元年四月廿有九日

御位下必闍赤託鐵穆爾集賢待制周仁榮奉

旨祝

釐于南鎮之祠竣事會稽太守蓟丘于九思請文刻石以備典故欽惟

聖天子耐以四海爲家欽承

祖宗故事不鄙夷南鎮之遠且外也歲遣近臣奉縟典奔走數千里有事于其庭於皇盛

哉仁榮南方之人也待

制集賢幸膺

明命敢不揭虔以對揚神休睠茲祠宇至大二年創始於前郡侯大名朶兒赤公落成

朝廷敕詞臣鄧文原紀其始末樹碑於神門之右今託鐵穆爾朶兒赤公之從子也伏讀

至再深自慶幸嗟乎人之仕也一事之善子孫有見而喜焉能遺愛於其民而百世不能

忘者其慶譽宜何如哉與祭治中朶台府判官脱歡文學掾田思聰會稽簿孟潼天台周

仁榮記

太中大夫紹興路總管府達魯花赤兼管內勸農事札剌兒台通議大夫紹興路總管兼管內勸農事于九思朝請大夫同知紹興路總管府事石抹甕吉剌歹奉政大夫紹興路總管府治中朶台承德郎紹興路總管府判官脫歡承務郎紹興路總管府推官余復承務郎紹興路總管府推官班惟志承務郎紹興路總管府經歷高德淵從仕郎紹興路總管府知事陳進道將仕佐郎紹興路總管府提控案牘兼照磨承發架閣戴景祥承事郎會稽縣尹兼勸農事霍文輔將仕郎會稽縣主簿孟潼建　會稽縣典史王澤　郡人趙良魁鐫

紹興路重修儒學記

碑高一丈二尺七寸廣五尺五寸額篆書紹興路重修儒學之記九字三行徑五寸五分文二十九行行四十七字正書徑一寸五分

紹興路重脩儒學記　會稽范文遠刻

中奉大夫前翰林侍　講學士知　制誥同脩　國史同知　經筵事黃溍撰文

嘉議大夫監察御史月魯不花書丹

翰林待制朝請大夫申屠駉篆額

越於三代之末爲大國漢唐以來爲名郡自宋立學逮至我

朝部使者郡長吏屢嘗交致其力而作新之以其規制宏侈土木之功恒患乎弗繼今達魯花

赤太中大夫公莅治伊始究心庶政尤以學校之廢興爲已任未及有所設施而中原俶擾
淮夷繹騷
天子赫然下明詔遣將出師討之仍命江浙分省宰臣駐軍池陽以遏其奔軼分省檄公俾預
在行公斥候精明周防嚴密訖以無虞越三歲乃還官下向之所欲爲而未遂者無不以次
畢舉擢抑姦豪撫綏疲瘵禁戢州縣皁隷不得持符帖行村落間而田家不聞叫囂隳突之
聲比年以兵興供給繁重增創權攝人員猥衆坐靡廩食而民不堪其苛擾公一切汰去之
而官府亦無乏事鈔法滯而不通民持錢入市無從得米公驗大家之田糴以等第勸之賑
糶使民計口入錢而受米擇監臨之吏置局四隅詭冒既無所容單夫窶人均被其惠而免
啼飢之苦瀕海不逞之徒或羣聚而大肆焚掠公部勒官軍兵民直抵其地皆望風遁去境
內帖然公痛懲戍卒之潰散者使益爲警備厚恤民家之殘破者使得以復業郡中日以無
事乃謀大治學舍會屬州諸暨判官前進士許汝霖白事郡府爲公言州人黃景昭先世故
爲衣冠著族而其人輕財尚義儻以禮招致之誘以茲役必能集事而不至匱官勤民公如
其言招之景昭既至公卽令發學官公帑所儲得錢以緡計者若干悉以授之使度財賦功
揆日庀事景昭承命惟謹且捐私錢以助其費公既親爲之經畫指授因俾汝霖視其匠傭

而程督之由門廡達于廟庭講堂書閣齋廬直舍及餘屋室百堵皆作未幾而內外煥然一新先是教授四明杜易支傾植仆日不暇給鋭欲大起其廢而慮貲用之未充莫知計所出幸公垂意於學校遂力贊成之謂不可無以告于來者使嗣而葺之期永勿墜爰買石屬溍以記溍曩者既已援泮水之詩爲前總管尚書宋公記其新學矣請因今公之盛舉而畢其説焉蓋爲此詩者所美不在乎土木之功而在乎魯侯之明其德□士之廣其德心孔子曰遠人不服則脩文德以來之惟夫魯侯與其多士上下相成以德是以既作泮宮而淮夷攸服也公固嘗陳力就列有事於淮夷矣暨撤戍而歸口不言功惟汲汲焉以植教基淑士心爲務豈非有志於脩文德以來遠人乎章甫逢掖之流息斯游斯方相與鼓舞於鳶魚飛躍之下而望公之卒成其志蠢茲淮夷本吾

國家之赤子有能聞公之風慕義而來格則公德教之所加寧有此疆爾界之間也哉溍不佞謹爲敍次其興造之大略他日將有鴻生茂士鋪張偉烈播於弦歌以配魯人之頌者焉公名九十字子陽以至正十年三月來領郡事而以十四年還自池陽脩學則始作於十五年之三月訖工於是年之十二月云

至正十五年十二月　日宣武將軍同知紹興路總管府事迭里迷失奉議大夫紹興路

總管府治中搭的迷失海牙武畧將軍紹興路總管府判官燕帖木兒承德郎紹興路總管府推官姜獻臣承事郎紹興路總管府經歷韓欽祖提控案牘兼照磨承發架閣樊恭學正王綸學錄李允郡士王良翰夏泰亨楊淵富處善韓旻立

阮元兩浙金石志史載黃文獻自將仕郎七轉至中奉大夫此文乃其歸田後所作故系銜加一前字串屠駉署銜翰林待制秩正五品朝請大夫秩正四品若由紹興總管府推官升擢超越二階不知中間曾轉何官也

按畢氏續通鑑至正十二年十一月蘄黃賊犯江東西詔江浙行省平章布延特穆爾原作卜顏帖木兒率兵討之復池州九十從征當即此也至碑序九十在越多惠政劉誠意集亦有監郡子陽公德政詩書後黃劉二公其言皆足以傳信而郡志不爲立傳亦疎於考訂矣

月魯不花字彥明蒙古遜都思氏史傳載其隨父官越嘗受業韓明善之門教授杜易照磨樊恭乾隆府志俱未載

康里公勉勵學校記碑高八尺九寸廣四尺二寸額篆書御史大夫康里公勉勵學校記十二字三行徑三寸五分記二十四行行五十二字題名年月六行俱正書徑一寸二分

御史大夫康里公勉勵學校記

紹興路儒學教授朱鐔撰

承務郎江南諸道行御史臺監察御史李觀書

朝請大夫江南諸道行御史臺經歷伯顏篆額

聖朝混一區宇誕敷文教內而京師外而郡縣莫不有學天下文物蓋彬彬乎三代之盛矣紹
興爲浙東甲郡
先聖廟在郡城之南而學麗焉宏深亢爽尤非他郡所及比者
制遷南臺于紹興學校日嚮興舉屬以兵革擾攘奄至廢弛鐔繼任教事念無以爲之倡崇
稱
上意旨夙夜靡遑至正十八年冬　康里公以
朝廷碩德重望來爲御史大夫下車之始百司恪共越明年春爰率僚佐祇謁
先聖行釋菜禮既而坐堂上進諸生而前曰建學育才古今盛典惟爾士子慎毋以時事之
弗寧而進脩之或惰其懋勉之哉顧瞻堂宇一皆毀廢之餘則爲之惻然吁嘻俾即修治
會寇逼城池而止韋公威德交孚而　捴戎叅政呂資善奮其忠勇寇潰民安迺十有二
月既望公仍莅學又明年正月十有五日禮亦如之諸生講誦既畢公乃命酒勸勞郡官

曰學校興廢風化繫焉今諸生之業于茲者既復其家俾得遂志於學善矣然而宮宇久弊不以時葺何居於是郡官奉命惟謹經畫營度因學舊所儲材次第繕修不閱月踰時而傾者支缺者補湧漶者鮮華勞費不甚而工用速成賓師有養政教漸至復興焉公於暇日詠歌之餘又大書廟額俾揭儀門翰墨雄傑聳耀觀覩咸知公之究心於學校殆無時而或忘矣蓋學校政教之原

國家之所崇尚兵興以來視以爲非當務所急者有之矣今我公負匡世之才來振臺綱明政教於擾攘之日蓋將脩文德以懷柔凶悖可謂知所本哉此其功效之大豈徒斯學之士有所賴而興將見大江以南司風紀之任者於是而知所勸矣勉勵之道孰加於此惟公之紀綱政事豐功偉績可以載之竹帛銘之鍾鼎者非鐔所得僭述敢以公之勉勵斯學者書其實而刻之以昭公之盛心於無窮并紀一時僚佐名氏於左公名慶童字明德頌曰 於荼

皇元 廣輪無垠 於越之墟 江堧海澨 廟堂有弘 儒林蓁蓁 孰隳其完

孰圮其輪 師旅之興 蠢狀攸因 我公寔來 紀綱維新 校宮是圖

聿昭彝倫 再三戾止 誨言諄諄 申勗師徒 敦禮縉紳 士類忭喜

泮水爲春　欻起陵夷　任惟其人　乃揭于門　大書輪囷　勢莊而凝

儀鳳祥麟　觀瞻歎嗟　煥耀莫隣　兹焉何亭　曩焉何屯　肆由我公

媚于

聖神　文德以脩　王章是遵　可訓可述　不刊不湮　願垂久遐　頌言斯陳

中丞王思齊　侍御鐵穆烈思　經歷奥林　都事孛朮魯昱　照磨崔約禮　管勾不

花　完哲　陳脩

監察御史鎖飛　篤魯彌實海涯　衡公輔　李完者帖木兒　忽都不花　顧顯祖

徐伯顏　速來蠻　崔約禮　不花　亦普剌金　阿合馬　劉貞　李烈

傅敏學　孔汭　姚阿速不花　觀童

中丞丑的　侍御杭州不花　治書按敦海牙　經歷伯顏　都事劉秉彝　王伯顏不

花　照磨篤烈圖

監察御史赫斯　那木罕　黄希賢　李觀　薩兒搭臺　長壽　劉克復　月忽難

至正二十一年正月　日立石

學正葉子明　學録鄭安　東越王元良鐫

碑陰高三尺八寸廣二尺二寸十七行行字不等正書徑一寸二分

憲臺

通事伯顔不花　卜顔帖木兒　伯顔鐵木兒　忽納台

譯史燕帖木兒　帖木兒不花　何完澤　王林栢　阿魯圖

知印耿直　察罕

掾史岳從政　胡宗文　陳敬賢　觀音奴　觀音寶　趙士元　郝海　貢景　夏泰亨

王文麟　張惟勤　劉清　李貞　苟爾　帖木兒普花　朶兒只　八禮台　達世

帖木兒　王士達　趙勉　郝泰

宣使趙昂　沙班　趙昱　乃馬歹　達釋普花　劉光祖　李庸　沙剌　葉晉　脱歡

薩都剌　辛中　孫士敏　鐵馬住　劉丑兒　李振　伯顔不花　達失鐵木兒

丘士綸　埜仙普花　本雅失理　薛察罕

典吏達蘭不花　沈博　范明　吳餘　張衡　王浩存　李果　胥齊賢　蔡道俊　張

奎　何德　陳証　阮文昭

察院

王宜　楊志　張元熙　李磐　蔣文賢　朱晉　武徽　錢元　毛　高

忠　劉　李師文　李璋　馬速忽　程友諒　李麟　守政　王英　王達

翟謙　劉

按慶童元史有傳江南諸道行御史臺本在集慶路至正十六年遷於紹興元史百官志云設官品秩同內臺大夫一員從一品中丞二員正二品侍御史二員從二品治書侍御史二員正三品碑少一員經歷一員從五品碑多一員都事二員正七品碑多一員照磨一員正八品碑多一員架閣庫管勾一員正九品承發管勾兼獄丞一員正八品碑共三員令史一十六人輟耕錄曰國朝凡省臺院吏曰掾史獨江南行臺作令史者蓋緣至元十四年初立行臺曰御史大夫授三品秩故也後雖陞一品而樂因循者不爲申明改正今按此碑已作掾史當是移臺紹興時所改譯史四人回回掾史通事知印各二人宣使十人典吏庫子臺醫各有差察院品秩如內察院監察御史二十八員正七品碑少二員書吏二十八人以上官吏與碑中列名多寡微有不同蓋或缺人未補或因兵事增設耳至碑云寇逼城池總戎叅政呂資善奮其忠勇寇潰民安者指至正十九年明將胡大海攻圍紹興張士誠將呂珍拒卻之事詳徐勉之保越錄珍字國寶安豐人以守城功由行樞密院副使擢本省叅知政事時慶童總城內之政管勾陳脩通事伯顏不花皆與有勞者也兩浙金石志謂寇逼指方國珍者非是學正葉子明學錄鄭安乾隆府志未載

李伯昇題名刻高三尺四寸廣二尺一寸六行首行十四字餘十三字正書徑二寸

至正二十四年正月廿五日與勾吳
周砥頓丘葛時中過會稽山遊陽
明洞天憩丹井上閱飛來石唐宋
間題名歎古人之不可作者久之
光祿大夫江浙行中書省平章政
事兼同知樞密院事李伯昇記

按李伯昇僞周張士誠將明史附見士誠傳中時士誠降元伯昇亦受元官其後降明仍故官復爲征南右副將軍同吳良征靖州蠻坐胡黨死周砥字履道至正中寓宜興馬治家與治有荆南倡和集傳于世明史附陶宗儀傳稱遊會稽歿於兵攷王弇州藝苑巵言引書述云詹希原解大紳鳴於朝周盧熊著於野則砥入明後方以善書得名越郡亦無被兵之事恐屬傳聞之誤此刻筆法頗佳或卽砥所書也

會稽縣脩學記碑高六尺三寸廣三尺六寸額篆書會稽縣脩學記六字三行徑三寸記二十一行行三十四字正書徑一寸二分

會稽縣脩學記

邑有學尚矣會稽爲越望縣學廟尤崇敞浙以東皆稱之國初燬于火其後以漸興復歷二十有五載而始完其成之難也如此中更再脩治又五十八年而至於今當外難洊起文教散落師生失業棟宇廊廡齋廬頹圮不治上雨旁風幾無蔽蓋玄黃黕昧像飾不嚴亂滋未除將趨于壞至正二十三年

司徒江浙省平章政事李公分鎮浙東軍旅之暇存心文儒郡邑庠序以次脩舉時周君舜臣尹茲邑克協公意則程材度庸心計指使視役之高下以定盈縮計其材用以底于成其用心勤矣役未竟而代去既而懷慶衛侯公輔出守於越尤究心學校亟命縣丞彭仲瑄董其役所見一與周君同凡周君所未爲若緒事未就者彭君一切綜理成全之功效卓然大率先聖先師像繪事增大成殿桴楹新大殿儀門杜楤桷笮易兩廡梁棟之腐壞損折葺肅賓齋之摧剝者周君也論堂門殿齋廡會亭堊茨丹艧幄帟簾箔垣□□□黝堊污鏝致飾增麗者彭君也天下之事有啓之於先而無以繼其後雖欲成功垂美炳煥將來孰從而致惟茲之役周君倡於前而彭君繼于後故能成始成終上以副司徒公崇重儒道下以慰太守垂意作養雖兵革披攘而孔子之文燦然不遂泯沒使當世□人皆知尊孔氏而决所趨嚮者眞在此矣豈直土木之功而已哉教諭張樞實相其成□□余爲同里敘其凡役之勞來請記余謂學校爲育才

之地古者文事武備混爲一途□學壯行所任惟允後世文武分異治亂所需人才易轍今司徒公崇文治於兵革亂離之時深惟古昔長育之道師生有舍庖廩有次教養之具咸備無闕則凡居師儒之職任講□之責者可不加之意乎余故於學成之後深有望於此也工始於二十三秊十一月而成於二十五年之七月工善吏勤事無苟且是宜記以彰於後也是年秋九月初五日郡士王宥記并篆額教諭張樞書丹立石

郡人范文遠刻

按紹興是時名雖屬元實爲張士誠所據碑云司徒李公者即士誠驍將李伯昇也太守衡公輔攷畢氏續通鑑載至正廿六年紹興總管衛良佐同守將李思忠以郡歸明疑即一人衡衛二字形近易訛公輔良佐義亦相近康里公勉勵學校記碑陰題名有監察御史衡公輔則公輔實其名而良佐或以字行者歟周尹舜臣彭丞仲瑫萬歷縣志俱入名宦傳元史百官志云中縣不置丞又云中縣民少事簡之地則以簿兼尉會稽在元爲中縣其額官祗應有達魯花赤一員尹一員主簿一員省委典史一員今此碑有丞當是元末添設者王宥字敬助山陰人隱居不仕自號臥龍山民總管衡公輔教諭張樞乾隆府志俱未載

鎮越門修城碑碑高三尺五寸廣一尺四寸十二行行三十字正書徑九分

越自古爲名郡東瀕江海南通衢婺兵甲荐興獨爲承平之地由我

國家公卿大臣善于撫守若

司徒隴西公統兵按治不動聲色而邊境晏然民安如堵侚□安□□□□危乃命樞密同

僉周公斷事嚴公浙省員外郎張公於城池有□□者□□膳之有弗備者復增完之由是

指揮于君董其工而君尤能度□□□□□戰守之地故東南要衝鎮越之門建吊橋以便

人馬之出入浚溝□□□□棹之往來更樓倚空石岸如削周圍堅固内外崇嚴上不費於

公□下不□於民力始於至正二十六年之二月訖工於是□之五月□以鎮越之門□勢

煥然嗟夫城池之堅深非難也而守之爲難守之非難也而□□□□□難今我　司徒隴

西公既得民心尤□城池之□□□□□□□□□□民圖治之澤當傳之無窮與斯城

同爲不朽指揮于君闕

尹彦良金球立石

按碑在稽山門嘗閲輟耕録載樞密院判邁里古思被害始末云未死前三日有星大如

栝棬紅光燭天墜鎮越門化爲石未審其地所在及讀此碑乃知即稽山門也稽山本宋

舊名至正十二年廉訪僉事篤滿帖穆兒改名會稽見楊廉夫新城記至是改爲鎮越明

復爲稽山今仍之萬歷會稽縣志謂元曰鎭遠者蓋誤越字爲遠字也司徒隴西公指李伯昇伯昇於是年八月往援湖州入守之至十一月力竭降明

學田碑陰

碑高五尺八寸廣五尺六寸分二列各十七行行字不等正書徑五分

總計額管田地山蕩肆千叁伯畝貳角肆拾捌步肆寸

本廩元管田地山蕩肆千壹伯畝貳角肆拾捌步肆寸米叁千伍拾石壹斗玖升肆合

田叁千捌伯伍拾叁畝貳拾肆步伍尺玖寸米叁千壹拾壹石柒斗玖升肆合

地肆拾柒畝壹角肆拾貳步肆尺壹寸米貳拾柒石

山壹伯肆拾捌畝叁角伍拾步米陸石捌斗柒升

蕩伍拾壹畝肆拾陸步壹尺捌寸米肆石伍斗叁升

山陰縣田地山蕩壹千捌伯陸拾捌畝貳角叁拾壹步肆尺玖寸米壹千叁伯肆拾玖石柒合

田壹千陸伯陸拾陸畝壹角壹拾肆步貳寸米壹千叁伯壹拾肆石壹斗貳升柒合

地肆拾伍畝貳角壹拾伍步肆尺柒寸米貳拾陸石柒斗壹升

山壹伯肆拾捌畝叁角伍拾肆步米陸石捌斗柒升

蕩柒畝叁角捌步米壹石叁斗

會稽縣田蕩壹千捌伯捌拾柒畝叁角壹拾陸步肆尺肆寸米壹千肆伯叁石柒斗柒合

田壹千捌伯伍拾肆畝壹角叁拾捌步貳尺陸寸米壹千肆伯貳石貳斗柒升柒合

蕩叁拾貳畝壹角叁拾捌步壹尺捌寸米壹石肆斗叁升

餘姚州田地貳伯柒拾肆畝壹角貳拾壹步米貳伯肆拾玖石壹斗叁升

田貳伯柒拾貳畝叁角伍拾肆步米貳伯肆拾捌石捌斗肆升

地壹畝壹角貳拾柒步米貳斗玖升

上虞縣田肆拾壹畝壹角叁拾玖步米叁拾捌石貳斗

蕭山縣田地蕩貳拾捌畝壹角叁拾玖步叁尺壹寸米壹拾石壹斗伍升

田壹拾柒畝叁角叁拾玖步叁尺壹寸米捌石叁斗伍升

地貳角米在田内項下

蕩壹拾畝米壹石捌斗

儒人趙賓正捨到山陰縣田貳伯畝未曾開到額米數目

按是碑正面磨刻明人修學記不知立於何時但餘姚稱州已在成宗元貞後矣儒人趙

賓正捨田入學攷萬歷府志義行傳載山陰人趙孟治家世業儒皇慶中捐田三頃爲學田又捐田三頃入義廪有詔旌之義廪在府學則賓正當卽孟治又攷任士林松鄉集大德九年紹興郡學重修講堂庀是役者山陰趙㕣費凡出所捐之田之入時趙氏捐田五百五十畝助郡邑學官廪入内以二百畝爲郡庠養其數正同亦卽其人㕣治字形相近任集傳寫偶譌孟字或脱去或以宗系字行固不妨從略歟賓正意如今府縣學鄉飲賓之類亦見蕭山新文廟碑陰記

謁禹陵詩刻 刻高九寸五分廣七寸九行行十四字正書徑五分

□□□□□九月□□日從事郎吳

□□□□□□□□□□□朝夫

同被

命齋祀南鎭□拜

禹陵□賦此詩以紀盛□云

沐雨櫛風無暇日□□□見聖躬勞

古栢參天表元氣梅梁近海作波濤

至今遺跡衣冠在□□空山鬼魅逃
欲覔冢陵尋窆石山僧爲我剪蓬蒿
按此刻年代無攷然從事郎階惟宋元有之明改爲從仕郎矣今姑置元末
以上越中金石記會稽縣